# ASTRONOMIA

## PENTRU COPII ȘI PĂRINȚI

Saturn
Găuri negre
Pleiadele
Extratereştri
Canis Major
Betelgeuse
Galaxii

# ASTRONOMIA

## PENTRU COPII ȘI PĂRINȚI

### Stele, planete, constelaţii și cum să le găseşti pe cer

MICHAEL DRISCOLL

ILUSTRAȚII DE MEREDITH HAMILTON

TRADUCERE DE SMARANDA POPOVICI



NICULESCU kids

# UNIVERSUL NOSTRU – BUN VENIT ÎN EL

**Te-ai uitat vreodată noaptea la cer, întrebându-te ce există acolo sus? Dacă da, nu ești singurul – oamenii își pun întrebări despre misterele cerului cam de la începutul umanității.**

**Ce sunt toate acele punctulețe strălucitoare de lumină și de ce se mișcă de-a lungul și de-a latul cerului în timpul nopții, pe parcursul unui an? Ce face Luna acolo sus și de ce pare că își schimbă forma de fiecare dată când o vedem? Cum poți observa o stea căzătoare (despre care ai tot auzit) – și, de fapt, ce este? (Uite un indiciu: nu este o stea.)**

# MINUNILE CERULUI NOCTURN

Există o mulțime de întrebări pe care ni le punem datorită imensului cer al nopții. Am reușit să găsim răspunsuri la multe dintre ele de-a lungul anilor – chiar secolelor! – de studiu și explorare. Oameni de știință geniali lucrează zi de zi ca să găsească răspunsuri la și mai multe. Și, destul de des, răspunsul la o întrebare ne face să ne gândim la o alta. Dar un lucru este sigur: dacă există un răspuns pentru fiecare întrebare pe care ne-o punem despre cerul de deasupra noastră, va trece foarte mult timp până vom descoperi toate răspunsurile.

În această carte vom învăța multe despre toate corpurile și forțele care ne înconjoară, cele care se află aproape și cele care sunt *hăăăăăăt* departe, și vom face cunoștință cu uimitorii gânditori care le-au deslușit misterele. Vom descoperi și câteva dintre poveștile (sau „miturile") despre monștrii, zeii și eroii pe care i-au născocit popoarele antice pentru a-și explica formele pe care le vedeau noaptea. Vom citi despre ideile mărețe pe care le-au avut oamenii de știință, prin care au explicat toate lucrurile ciudate pe care le-am observat deasupra noastră. Și vom învăța despre câteva dintre misterele care încă există. (Și sunt o mulțime!)

## O călătorie spre cerul nopții

Sunt multe de învățat, dar nu-ți face griji, vom explora totul pas cu pas. Cuvintele buclucașe pe care le întâlnim vor fi explicate în **Dicționarul Spațiului Îndepărtat**, pe măsură ce parcurgem cartea. (Nu te gândi la cuvinte ca fiind grele, pentru că, odată ce le înveți, sunt distractiv de folosit – și vei fi ca un adevărat *Știe-Tot* când le vei rosti în fața prietenilor și a familiei!)

Pe măsură ce învățăm despre oamenii care au studiat cerul, ei vor apărea și în rubricile dedicate **Starurilor Astronomiei**. Hei, avem deja primul cuvânt nou învățat: **astronomie**! Acesta este compus din „astro-", cuvântul pe care grecii antici îl foloseau pentru a descrie cerul, și „-nomos", care înseamnă studiul unui subiect. Deci, astronomia înseamnă „studiul cerului". Este normal să folosim un cuvânt din limba greacă, întrucât grecii s-au numărat printre primii oameni care au cercetat cerul de deasupra noastră. Dar despre ei vom afla mai multe puțin mai târziu.

De mii de ani, oamenii au scrutat cerul nopții și au observat forme familiare printre multele puncte de lumină, ca și cum cerul ar fi un desen imens realizat din puncte unite. Ei au văzut oameni, animale și alte figuri, așa cum tu observi ziua nori pufoși care seamănă cu un iepure, un autobuz de școală sau un obiect amuzant. Vei afla despre unele „mituri": povești pe care primii privitori ai cerului le-au scornit pentru a-și explica ce au văzut pe cer. Aceste legende i-au ajutat pe oameni să dea un sens unora dintre lucrurile misterioase care se întâmplau pe Pământ – lucruri precum anotimpurile, vremea și cutremurele, chiar și războaiele.

Dar ce este distractiv în a afla despre aștrii care luminează cerul nopții dacă nu poți ieși afară ca să îi găsești? Rubricile **Hai să privim cerul** ar putea să te ajute. În ele vei găsi indicații care te vor ajuta să identifici multe dintre corpurile cerești despre care vei învăța.

**DICȚIONARUL SPAȚIULUI ÎNDEPĂRTAT**

**Astronomie** – Disciplină care se ocupă cu studiul cerului și al tuturor corpurilor și forțelor care există acolo.

# UNIVERSUL

## O imagine la scară (foarte, foarte) mare

Majoritatea punctelor luminoase pe care le vezi atunci când privești un cer nocturn senin sunt stele – însă printre ele există și planete. (Vom învăța să facem diferența între ele, dar noaptea s-ar putea să-ți fie greu să le identifici.) Stelele și planetele împart cerul cu alte corpuri cerești pe care vom învăța cum să le găsim, de exemplu: comete, sateliți și meteori. Acolo sus există și multe tipuri de praf și gaze. De fapt, toate acestea (stelele, planetele, gazele) și Pământul, și tot ce există pe el (inclusiv cățeii și pisicile, și tu, și eu), fac parte din **Univers**.

„Univers" este un cuvânt pe care astronomii îl folosesc pentru a descrie cel mai mare spațiu pe care și-l pot imagina. Este spațiul în care trăim, unde se găsește Pământul și Soarele, spațiul pe care toate stelele îl numesc acasă și unde există tot ceea ce cunoaștem. Acesta este atât de mare încât mintea noastră abia și-l poate imagina. Și nimeni nu știe *cât* este de mare. Cei mai mulți astronomi cred că Universul este lung de minimum trilioane și trilioane de kilometri. Și mai cred că vârsta lui este de aproximativ 15 miliarde de ani.

REFLECTÂND LA LOCUL EI ÎN UNIVERS

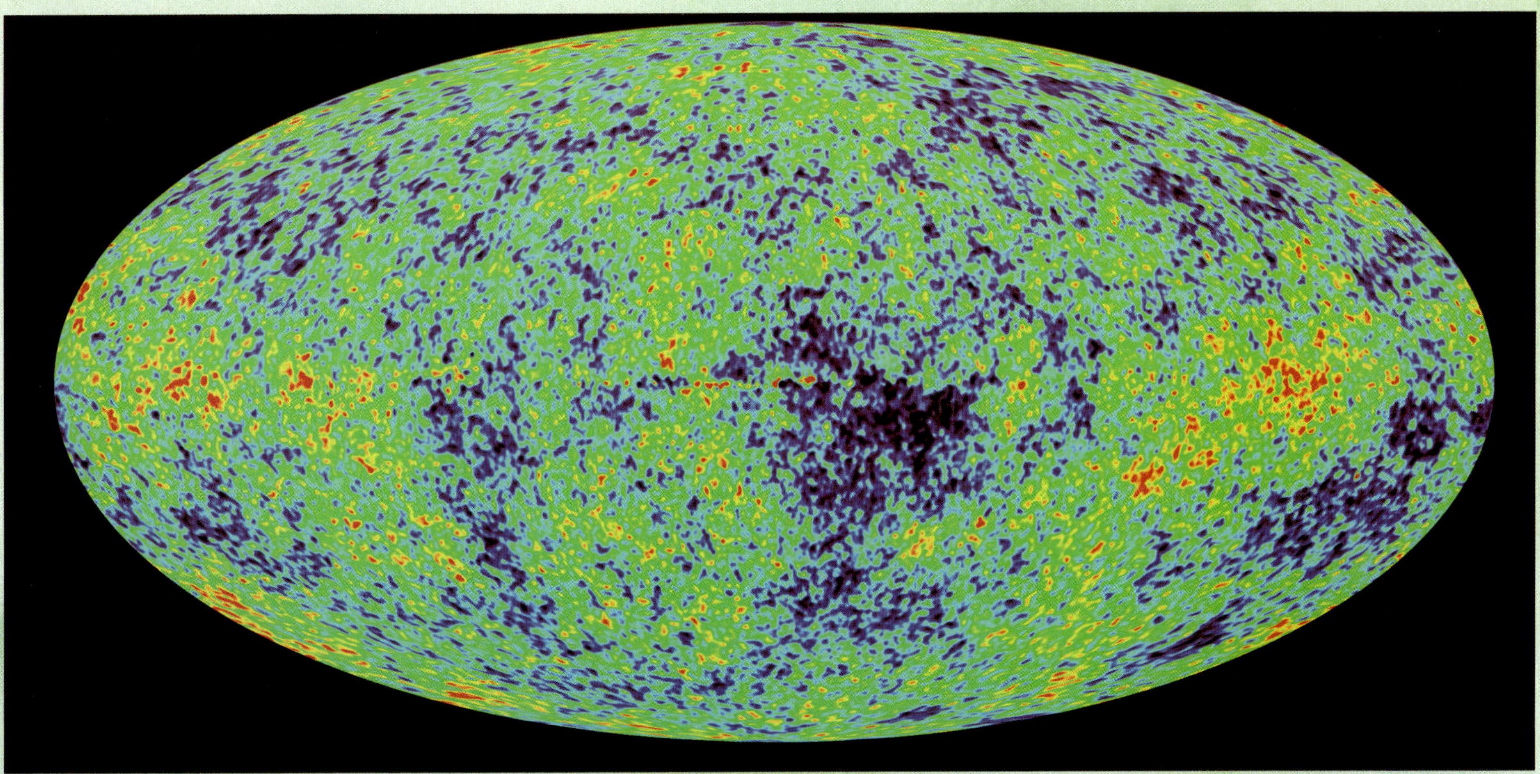

**Oamenii de știință au creat această „mini-imagine" folosind lumina din perioada când Universul era foarte, foarte tânăr. Zonele mai calde sunt colorate în roșu, iar zonele mai reci sunt colorate în albastru.**

Ne-a luat mult timp până am descoperit lucrurile pe care le știm astăzi despre Univers. Primii astronomi credeau că nu se întindea prea mult dincolo de Pământ. Se credea că Soarele și planetele se învârteau în jurul Pământului și că cele mai îndepărtate stele se aflau în apropierea planetei situate la cea mai mare distanță față de Pământ. Abia după mii de ani, astronomii și-au dat seama că Universul este, de fapt, mult, mult mai mare.

Dar ne cam grăbim. Să ne începem turul cu o excursie în jurul Universului. Primul lucru pe care trebuie să-l înțelegem este...: ce se găsește acolo sus?

## DICȚIONARUL SPAȚIULUI ÎNDEPĂRTAT

**Univers** – Termen științific folosit pentru spațiul vast în care există tot ceea ce cunoaștem. Universul mai este numit din când în când și cosmos.

## STARURILE ASTRONOMIEI

**Grecilor li se atribuie meritele pentru primele noțiuni de astronomie, dar nu au fost singurii care au studiat cerul în Antichitate. De fapt, astronomii chinezi au descoperit lucruri destul de importante chiar din anul 1300 î.H. – cu sute de ani înainte de apogeul astronomiei grecești. Chinezii au observat că stelele se mișcau pe cer după anumite tipare care se repetau în fiecare an și că poziția Soarelui pe cer părea să urmeze același orar. Ei au folosit aceste informații pentru a crea unul dintre cele mai vechi calendare pe care le știm. Acesta este un exemplu minunat despre cum se poate face ceva foarte util aici, pe Pământ, folosind informațiile strânse despre cer. În zilele noastre este greu să ne imaginăm viața fără calendare – cum am ști când să dăm petreceri de ziua noastră?**

# CE EXISTĂ ACOLO SUS?

Probabil că știi câte ceva despre stele și planete – și de aici începem. Dar acolo sus există și alte corpuri cerești. Vom mai învăța despre mari grupări de stele numite galaxii – și, în special, despre *galaxia noastră*, Calea Lactee. Vom studia bucățile de rocă din spațiu cunoscute drept asteroizi, corpurile cerești zburătoare numite meteori, cometele orbitoare și multe altele. Vom învăța chiar și despre lucrurile pe care nu le putem vedea, dar despre care credem că se află acolo, cum ar fi puternicele găuri negre, misterioasele stele neutronice și acea forță căreia nu i te poți opune numită gravitație.
Pe parcurs, vom face cunoștință cu mulți oameni foarte deștepți care au observat anumite corpuri pe cer, s-au gândit mult la ce au văzut, au venit cu teorii, le-au testat și ne-au ajutat să înțelegem multe despre locul în care trăim și tot ce ne înconjoară.
Prima oprire... stelele!

# CE PUTEM VEDEA

## STELELE

Ce vezi atunci când privești cerul într-o noapte senină? **Stele** – și par a fi cu miile. De fapt, ceea ce vezi sunt doar stelele cele mai apropiate de Pământ. Dacă ochii noștri nu ar avea limite, ai putea să vezi nu doar mii, ci *trilioane* de stele. Cât înseamnă un trilion? Zece are un zero (10), o mie are trei zerouri (1 000). Un trilion are *douăsprezece* zerouri (1 000 000 000 000). O grămadă de stele!

Probabil că te întrebi: ce *este* de fapt o stea? Cel mai ușor mod de a înțelege este să te gândești că ar putea fi o minge gigantică de foc. Stelele sunt aglomerări mari de gaze, cum ar fi hidrogenul și heliul, care sunt atrase unul spre celălalt datorită forței de gravitație. (Vom învăța mai multe despre gravitație puțin mai târziu.) Stelele conțin și alte elemente, cum ar fi calciu și fier, dar în cantități foarte mici. Este dificil să spunem cu exactitate ce substanțe și în ce cantitate conține o stea..., pentru că fiecare este diferită. Când se acumulează destul gaz într-un loc, presiunea îl face să ardă și să strălucească. Apoi, începe să lumineze precum stelele pe care le vedem pe cer în fiecare noapte.

Cu toate acestea, odată ce a început să ardă, steaua nu mai poate acumula gaz. Ea arde substanțele din interiorul său ani întregi – uneori doar pentru o perioadă „scurtă de timp", cum ar fi câteva milioane de ani, alteori pentru un trilion de ani sau mai mult. (Continuă să citești și vei afla de ce unele stele ard mai mult timp decât altele.)

### Se naște o stea . . .
### și (smiorc, smiorc) moare

Așa cum poate bănuiești, stelele (cum ar fi Soarele, steaua situată cel mai aproape de Pământ) sunt fierbinți deoarece ard constant gazele din interiorul lor – care sunt un fel de combustibil. După mulți ani, tot acest combustibil este consumat, ca atunci când o mașină nu mai are benzină în rezervor, motorul dă rateuri și se oprește. Pe parcurs, stelele trec prin mai multe etape.

Protostea

Pitică brună

Gigantă albastră

Pitică roșie

✶ La începutul evoluției lor, acești aștri sunt numiți **proto-stele**. În acest moment, încă nu ard, nici nu dau lumină, dar cresc și devin din ce în ce mai grele pe măsură ce atrag din ce în ce mai mult praf și gaze din spațiu. O stea adevărată este pe cale să se nască.

Protostele

✶ Odată ce steaua a adunat suficientă materie și este destul de plină, începe să lumineze și devine o stea așa cum o știm noi. (O stea care nu ajunge niciodată în acest punct se numește **pitică brună**. În loc să devină mingi strălucitoare de foc, aceste stele triste rămân niște globuri întunecate formate din praf și gaz, nereușind să devină corpuri cerești care strălucesc în noapte.)

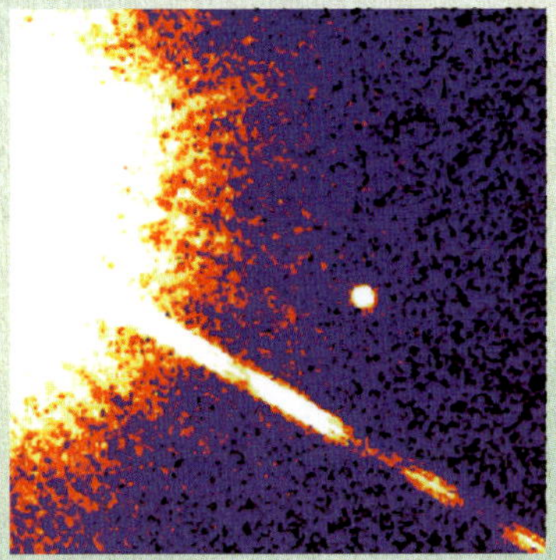

Pitică brună

✶ Pe măsură ce îmbătrânesc, stelele se măresc, dar ard mai puțin luminos – se transformă în **gigante**. De-a lungul vieții lor de stele, cele mai fierbinți și mai luminoase se numesc **gigante albastre**. Acestea ard cel mai repede și trăiesc doar câteva milioane de ani. O **gigantă roșie** are mai puțină energie, arde mai puțin luminos și poate trăi miliarde de ani, pentru că își folosește combustibilul mult mai încet decât o gigantă albastră. Soarele nostru este o stea obișnuită aflată la mijlocul ciclului ei de viață, numită **pitică galbenă**.

Gigante albastre

✶ Cele mai mari stele, **supergigantele**, pot crește până ajung de 1 000 de ori mai mari decât Soarele.

✶ Înainte de a se stinge complet, unele stele se micșorează și devin **pitice albe**. Când i s-a terminat combustibilul, o pitică albă devine o **pitică neagră**.

**Se formează o pitică albă.**

✶ Stelele mai mari au un sfârșit mai spectaculos, explodând în **supernove** în loc să se micșoreze și să ajungă pitice. De obicei, aceste explozii strălucitoare pot dura câteva săptămâni și sunt evenimente rare, care îi entuziasmează pe oamenii de știință de fiecare dată când descoperă vreuna.

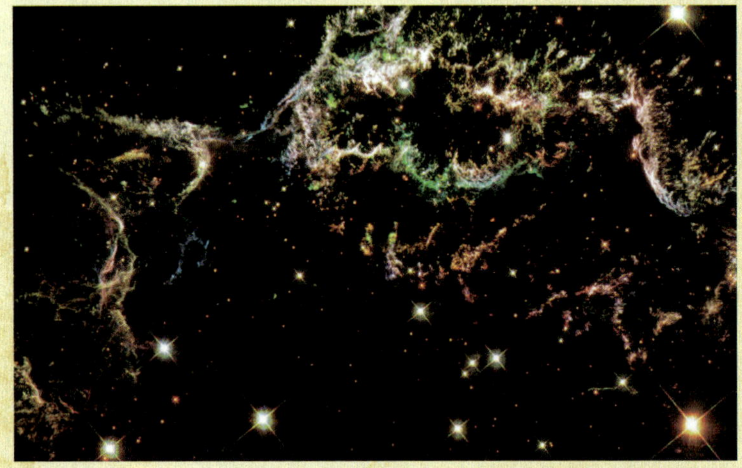

**Resturile gazoase ale unei supernove**

## Atracții stelare

Așa cum o *bi*cicletă are două roți, o stea ***bi*nară (sau dublă)** este formată din două stele care se mișcă în cerc – sau **orbitează** – una în jurul celeilalte. De obicei, una dintre ele este mult mai luminoasă decât cealaltă și, pentru că se află atât de departe de noi, atunci când le privim de pe Pământ par a fi una singură. De exemplu, steaua Algol, care face parte din grupul de stele (constelația) numit Perseu, este o stea binară. **Stelele multiple** sunt precum stelele binare, doar că sunt formate din trei sau mai multe stele care orbitează una în jurul celeilalte.

## Învățații cerului nocturn

Oamenii care studiază stelele (și toate celelalte corpuri de pe cer) se numesc **astronomi**. Primii pași spre a deveni astronom sunt ușori. Doar așteaptă să apună Soarele și ridică privirea – așa au apărut

primii observatori ai stelelor cu mii de ani în urmă. Acești astronomi timpurii și-au folosit doar ochii și mințile, și au putut afla uimitor de multe lucruri doar cu ajutorul lor.

Primii oameni care au urmărit cerul au observat că acele mici puncte de lumină – stelele – păreau să se miște de-a lungul și de-a latul cerului pe parcursul nopții și să își schimbe poziția pe măsură ce anotimpurile se schimbau. De asemenea, au observat că și Soarele și Luna se mișcau. Acum 5 000 de ani, oamenii din Europa au construit structuri gigantice de piatră pentru a urmări mișcările aștrilor. Stonehenge, o astfel de structură deosebit de faimoasă, încă poate fi vizitat azi, în Anglia. Pe partea cealaltă a globului, se crede că și structurile piramidale construite de populația maya din America Centrală au fost folosite pentru a studia cerul.

Chinezii cercetau și ei cerul. În jurul anilor 350 î.H., Shih Shen – un chinez care observa stelele – a notat informații despre aproape 800 de stele în prima carte de acest gen. Astronomii din Egipt, Orientul Mijlociu și din alte părți studiau și ei stelele. Ele i-au fascinat dintotdeauna pe oameni.

Pe parcursul următoarelor câteva mii de ani, grecii au preluat conducerea în studiul astronomiei. Învățați cu nume complicate precum Hiparh (sau *Hipparchus*), Aristarh (sau *Aristarchus*) ori Eratostene (sau *Eratosthenes*) și-au folosit observațiile pentru a calcula dimensiunea Pământului, distanța dintre el și Soare și Lună și distanța dintre alte corpuri cerești.

În Europa, interesul pentru stele a părut să pălească după epoca marilor astronomi greci. Chiar și așa, câțiva au continuat să caute răspunsuri la marile întrebări despre cer. În Persia, în jurul anului 1 000 d.H., astronomul arab al-Sufi a devenit prima persoană care a descoperit o galaxie dincolo de a noastră – galaxia Andromeda.

## POVEȘTI DESPRE STELE

**Este ceva absolut normal să inventezi povești pentru a explica lucrurile pe care nu le înțelegi. Oamenii fac asta de mii de ani. Chiar s-au plăsmuit câteva povești fantastice pentru a explica modul în care au ajuns stelele pe cer.**

**Amerindienii din partea nord-vestică a Pacificului, în SUA, credeau că, la un moment dat, cerul a fost complet negru – prea negru. Așa cum povestesc ei, un tânăr pe nume *Cel Care se Plimbă pe Tot Cerul* a făcut o mască din lemn și i-a dat foc. El călătorește zi de zi de-a lungul cerului, iar Soarele pe care îl vedem strălucind este de fapt masca lui ce arde. (*Cel Care se Plimbă pe Tot Cerul* sigur avea o față specială – una care nu putea arde –, care se potrivea cu masca lui specială.) Noaptea, el doarme sub orizont – linia imaginară care unește cerul cu suprafața Pământului. Când *Cel Care se Plimbă pe Tot Cerul* sforăie, ies scântei din masca lui și se transformă în stelele care luminează cerul.**

## DICȚIONARUL SPAȚIULUI ÎNDEPĂRTAT

* * * * * * * * * * * * * * * * * * * * * * * * * * *

**Stea** – O imensă minge de gaz ce arde în spațiul cosmic. Unele stele pot fi atât de mari, încât Soarele pare mic cât un vârf de ac.

**Protostea** – Etapă din dezvoltarea unei stele când praful și gazele sale încă se adună, înainte de a începe să lumineze.

**Pitică brună** – O formațiune care nu a reușit să strângă destul praf și gaz pentru a deveni o stea strălucitoare.

**Gigantă albastră** – O stea foarte fierbinte și strălucitoare care se află la mijlocul ciclului de viață.

**Gigantă roșie** – O stea la mijlocul ciclului de viață care este mai rece și mai puțin strălucitoare decât o gigantă albastră.

**Pitică galbenă** – O stea cu temperatură și dimensiune medie, aflată la mijlocul ciclului de viață.

**Supergigantă** – Cea mai mare stea de tipul gigantei roșii.

**Pitică albă** – O stea la sfârșitul ciclului de viață care încă arde, dar se micșorează și este mai puțin strălucitoare.

**Pitică neagră** – O stea pitică albă care și-a consumat tot combustibilul și devine o bucată rece de carbon (elementul chimic).

**Supernovă** – O stea a cărei viață se termină într-o explozie rapidă, spectaculoasă, în loc să devină o stea pitică.

**Stea binară (dublă)** – Două stele care orbitează una în jurul celeilalte și care adesea, privite de la distanță, par a fi o singură stea.

**Orbită** – Calea pe care o urmează un corp ceresc, cum ar fi o planetă, în jurul altui corp, cum ar fi o stea. Pământul face o rotație completă în jurul Soarelui în 365 de zile – așa măsurăm un an.

**Stea multiplă** – Trei sau mai multe stele care orbitează unele în jurul celorlalte.

**Astronom** – Persoană care studiază stelele și alte corpuri cerești.

**Telescop** – Un instrument special, ce conține lentile și oglinzi, care ne ajută să vedem corpuri cerești îndepărtate, cum ar fi stelele și planetele, făcându-le să pară mai aproape.

**An-lumină** – Distanța pe care o parcurge lumina într-un an – circa 9,3 trilioane de kilometri.

Cinci sute de ani mai târziu, astronomii europeni s-au luptat cu o întrebare la care acum pare ușor de răspuns – dacă Soarele și planetele se învârteau în jurul Pământului, sau dacă Pământul și celelalte planete se învârteau în jurul Soarelui. Unii dintre cei mai inteligenți oameni de știință de atunci credeau că Soarele este centrul absolut, dar pentru mii de ani, oamenii au presupus că Pământul era centrul absolut. A fost nevoie de mulți ani și multă muncă de cercetare asupra mișcării Soarelui, Lunii și a planetelor pentru a convinge, într-un final, pe toată lumea. (Deși probabil mai există *cineva*, undeva, care mai consideră Pământul centrul absolut!)

Un progres important în studiul stelelor a avut loc în jurul anului 1600, când Galileo Galilei a perfecționat telescopul – un dispozitiv care folosește lentile și, uneori, oglinzi, pentru a apropia obiectele îndepărtate – și l-a folosit să examineze cerul. Multe dintre telescoapele folosite de oamenii de știință din zilele noastre se bazează pe același model și aceleași tehnici simple pe care le-a folosit și Galileo. Cu ajutorul lor, astronomii au descoperit o mulțime de corpuri din spațiu și au învățat din ce în ce mai multe despre acestea.

## Ani-lumină: o idee luminată

Înălțimea unui bebeluș este măsurată mai întâi în centimetri. Pe măsură ce crește, iar distanța de la vârfurile degetelor de la picioare până în vârful capului se mărește și ea, trecem la măsurătoarea în metri, ca să evităm confuzia cu toți acei centimetri. Într-o zi, acel bebeluș (acum un copil măricel) va începe să meargă pe bicicletă către casa celui mai bun prieten și, destul de repede, măsurăm distanțele în kilometri, renunțând la metri.

Dar ce facem când și kilometrii par prea mici? Așa cum am învățat deja, spațiul cosmic este mare, iar până și cele mai apropiate corpuri se pot afla la miliarde de kilometri depărtare.

Ca să nu îngrămădim toate acele zerouri în numerele noastre, am avut nevoie de o unitate de măsură MULT mai mare. Cam așa au ajuns astronomii să se gândească la **an-lumină**. Primul lucru cam complicat la anul-lumină este chiar denumirea lui. Cu toții știm că un an este o unitate de măsură pentru timp, dar un an-lumină se folosește pentru măsurarea *distanței* – distanța pe care o parcurge lumina într-un an. (Te-ai prins?)

① Pe Pământ, Hubert aprinde lumina în dormitor.

Când apeși întrerupătorul și se aprinde lumina unei lămpi aflate într-un colț de cameră, pare că ambele acțiuni se întâmplă simultan. De fapt, lumina se aprinde cu o fracțiune de secundă înainte să o vezi, deoarece este nevoie de timp ca razele de lumină să ajungă de la lampă la ochii tăi. În sufrageria ta, acel timp este atât de scurt încât nici măcar nu îl observi. Dar poate trece destul de mult timp până când lumina traversează marile distanțe ale spațiului.

② 4 ani și 5 săptămâni mai târziu, pe Alfa Centauri, cineva sau ceva vede lumina.

Ca să fim exacți, durează un an întreg ca lumina să parcurgă 9,3 trilioane de kilometri. (Asta înseamnă aproape 750 de călătorii dus-întors de la Soare la Pluto.) Deoarece lumina are nevoie de o perioadă lungă de timp ca să ajungă până la noi, s-ar putea ca lucrurile pe care le vedem acum să se fi întâmplat cu mult timp în urmă. Cu alte cuvinte, dacă o lumină ar sclipi brusc la un an-lumină distanță de Pământ (sau 9,3 trilioane de kilometri), nu am vedea acel fulger de lumină decât un an mai târziu. Păi, asta chiar înseamnă departe!

Acesta este un concept complicat, dar unul important de ținut minte. Când ne uităm la stele, nu numai că vedem ceva care se află departe, dar vedem ceva (depinde doar de distanță) care poate s-a întâmplat cu mult, mult timp în urmă. Dacă o stea aflată la cinci ani-lumină s-ar stinge brusc astăzi, noi am vedea-o strălucind pentru încă cinci ani.

## O stea doar a noastră
# SOARELE

Pentru că strălucește în timpul zilei, poate nu te-ai gândit la Soare ca la o stea. Dar *este* o stea, și este cea pe care o cunoaștem cel mai bine. Soarele luminează ziua, ne încălzește (chiar și noaptea, când nu îl putem vedea) și creează niște apusuri superbe. Este uriaș, mai ales în comparație cu Pământul. **Diametrul** Soarelui (sau linia care trece prin mijlocul lui) este de 100 de ori mai mare decât diametrul planetei pe care locuim noi.

Și este foarte fierbinte! Soarele este alcătuit din gaze – predominant hidrogen, heliu și oxigen – care ard. Acestea au aproximativ 5 500 de grade Celsius la suprafață și cam 30 de milioane de grade în centru.

Chiar și așa, în ciuda mărimii și a temperaturii sale, Soarele este de mărime medie în comparație cu alte stele. Unele sunt mult mai mari. Steaua Antares, face parte din constelația Scorpionului (sau Scorpio) despre care vom învăța mai târziu, este de aproximativ 700 de ori mai mare decât Soarele nostru. Asta înseamnă că Antares este de 100 000 de ori mai mare decât Pământul. Hai să formulăm altfel: dacă Pământul ar fi reprezentat de o minge cu diametrul de 2,5 centimetri, Antares ar avea diametrul de aproximativ 2,4 kilometri.

Astronomii cred că Soarele strălucește de circa 5 miliarde de ani și se așteaptă să mai strălucească pentru încă 5 miliarde de ani. Apoi, va crește și va ajunge o gigantă roșie – cu mult mai mare decât este acum –, înainte de a se răci și a deveni o pitică albă și, într-un final, o pitică neagră.

Toată lumea știe că nu trebuie să te uiți direct la Soare – și nici nu te *gândi* să îl privești printr-un telescop. Dar există unele telescoape sofisticate ce au filtre întunecate speciale, care îți permit să privești direct către Soare. Privind prin ele, vezi mai mult decât o bilă galbenă. Poți vedea **petele solare** – zone mai întunecate, adică mai reci, care apar și dispar pe suprafața Soarelui. (Unele pete solare pot fi chiar mai mari decât Pământul!) S-ar putea chiar să vezi **protuberanțe** – explozii de gaze care izbucnesc dintr-o pată solară și se pot întinde în arcuri lungi de sute de mii de kilometri. Cam la fiecare unsprezece ani, Soarele devine mai activ decât de obicei – atunci crește numărul de protuberanțe și pete solare. Uneori, se pot observa și 100 de pete solare în același timp.

### DICȚIONARUL SPAȚIULUI ÎNDEPĂRTAT

**Diametru** – Lățimea unui obiect rotund (ca o stea sau o planetă) măsurată printr-o linie dreaptă trasată dintr-un capăt în altul, care trece prin centrul acestuia.

**Pată solară** – O pată mai întunecată, mai rece, de pe suprafața Soarelui, care apare, crește și, apoi, se micșorează încet, până dispare.

**Protuberanță** – Un arc format din gazul care explodează dintr-o pată solară.

**Eclipsă solară** – Blocare temporară a razelor Soarelui de către Lună, care se află între Soare și Pământ.

## HAI SĂ PRIVIM CERUL

**De două sau trei ori pe an, Pământul, Luna și Soarele se aliniază perfect dând naștere unei eclipse vizibile dintr-o anumită parte a Pământului. Totuși, din cauza rotației Pământului, locul de unde se poate observa o eclipsă totală se modifică. Fii atent când urmează să aibă loc o eclipsă în apropierea zonei tale.**

**Există mai multe metode prin care poți vedea bine o eclipsă solară. Dacă ai acces la un telescop sofisticat, poți folosi lentile speciale pentru a filtra lumina Soarelui. O metodă mai simplă este de a folosi ochelari de soare cu lentile foarte întunecate, care pot fi cumpărați când se apropie data apariției unei eclipse importante sau de la magazinele care vând echipament astronomic. Ce mai poți face este să perforezi o gaură cât un vârf de ac în partea laterală a unei cutii de pantofi, apoi decupează o gaură puțin mai mare chiar lângă prima. Când Soarele ajunge să lumineze direct prin acea gaură minusculă, poți vedea în cutie o imagine micșorată a Soarelui, completată de imaginea Lunii care se mișcă astfel încât să ajungă în fața lui. Este ca și cum ți-ai crea propriul cinematograf în interiorul cutiei – și e o metodă mult mai sigură de urmărit eclipsa.**

## Cine a stins lumina?

O **eclipsă solară** este una dintre cele mai impresionante priveliști de pe cer și are loc destul de frecvent, astfel încât este foarte posibil să observi și tu una la un moment dat.

Când Luna se rotește în jurul Pământului, se poate alinia perfect cu Soarele și Pământul, trecând printre ele. Astfel, razele Soarelui sunt blocate pe măsură ce Luna trece prin fața lui, ca o persoană care își mișcă mâna prin fața unui bec. Chiar dacă Luna este mult mai mică decât Soarele, cele două corpuri cerești par să aibă aproximativ aceeași dimensiune atunci când sunt privite de pe Pământ, pentru că Luna se află mult mai aproape de el. Acest lucru nu este niciodată mai evident decât atunci când Luna eclipsează Soarele.

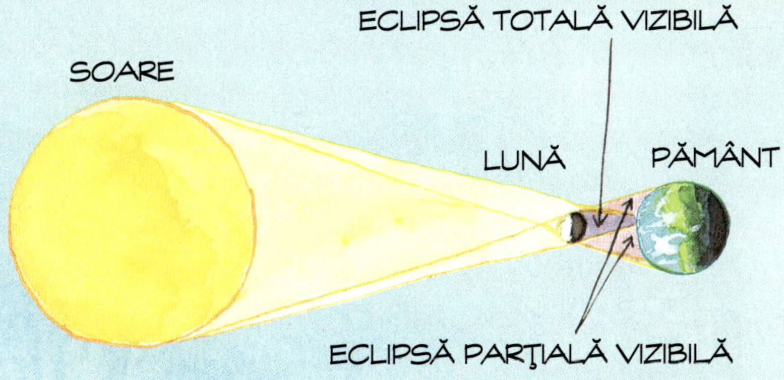


O eclipsă totală, când Luna blochează complet lumina Soarelui, este o imagine uimitoare. Luna ajunge în totalitate în fața Soarelui, cerul se întunecă în mijlocul zilei și, uneori, poți vedea chiar stele și planete. Acum (și doar acum!) este OK să te uiți direct la Soare.

Soarele nu este niciodată obturat complet într-o eclipsă mai mult de opt minute, dar este o experiență extraordinară. Oamenii reacționează în moduri diferite. Unii dintre primii martori ai unei eclipse au fost înspăimântați și au crezut că un dragon mânca Soarele sau că lumea se sfârșea. Poți să îi învinovățești? Este foarte ciudat să vezi cum se face noapte în timpul zilei!

CE CREDEA OMUL CAVERNELOR DESPRE O ECLIPSĂ

# PLANETELE

Probabil știi deja că Pământul – pe care trăim noi – este o **planetă**, dar știi din ce sunt alcătuite planetele și ce le diferențiază de stele? Planetele sunt mingi mari de rocă, metal sau gaz care gravitează în jurul unei stele. Doar cele mai apropiate planete sunt vizibile de pe Pământ. Spre deosebire de stele (cum ar fi Soarele), planetele (cum este Pământul) nu au lumină proprie. Ele reflectă lumina stelelor – cu toate că, uneori, când ne uităm la toate corpurile strălucitoare de pe cer, este greu să facem diferența dintre o stea și o planetă.

Pământul și restul planetelor care orbitează în jurul Soarelui fac parte din **Sistemul solar** – propriul nostru cartier din galaxia Căii Lactee. Cei mai apropiați vecini din Sistemul solar sunt Luna (despre care vom învăța mai multe puțin mai târziu) și celelalte opt planete care orbitează Soarele: Mercur, Venus, Marte, Jupiter, Saturn, Uranus, Neptun și Pluto. Pluto este puțin diferit de celelalte opt planete, dar vom învăța și despre acest lucru mai târziu.

**DICȚIONARUL SPAȚIULUI ÎNDEPĂRTAT**

**Planetă** – O minge mare de rocă, metal sau gaz care se învârte în jurul unei stele.

**Sistem solar** – Sistem format din planete și alte corpuri care orbitează în jurul Soarelui nostru („solar" înseamnă „referitor la Soare").

Situată la 58 de milioane de kilometri depărtare, Mercur este planeta cea mai apropiată de Soare. Dacă 1,6 milioane de kilometri ar fi egale cu 0,25 centimetri din această pagină, Mercur s-ar afla la o distanță de aproape 9 centimetri față de Soare. Iar Pământul s-ar afla la 25,4 centimetri depărtare. Aflat la 6 miliarde de kilometri depărtare de Soare, Pluto – cea mai îndepărtată planetă din Sistemul solar – ar fi la o distanță de 9 metri și ceva – ieșind de pe pagină, după colț, poate în bucătăria ta.

Planetele li s-au părut mereu extrem de interesante celor care observau cerul. Deoarece planetele orbitează în jurul Soarelui, atunci când sunt privite de pe Pământ, unele dintre ele par să aibă niște traiectorii ciudate. Întrucât se află mai aproape de noi decât stelele, planetele sunt foarte luminoase. Mulți dintre primii observatori au crezut că aceste puncte de lumină aveau puteri speciale, astfel că au botezat planetele după zeii lor – nume pe care le folosim și în zilele noastre.

## Păstrând ordinea stabilită

Un mod ușor de a reține ordinea planetelor este să memorezi următoarea frază: *Mama Violetei prepară multe japoneze sau uneori nouă pizza.* Fiecare cuvânt începe cu aceeași literă ca numele planetelor din Sistemul solar, de la cea mai apropiată de Soare la cea mai îndepărtată:

**M**ercur,
**V**enus,
**P**ământ,
**M**arte,
**J**upiter,
**S**aturn,
**U**ranus,
**N**eptun,
**P**luto.

## STARURILE ASTRONOMIEI

Primii greci (începând cu circa 500 î.H.) sunt recunoscuți în special pentru studiul cerului. Pe măsură ce Pământul se rotea, grecii au observat Soarele, Luna – satelitul Pământului – și planetele care se mișcau pe cer. Ei s-au gândit că totul se mișca în cercuri în jurul Pământului. (Bineînțeles, se va dovedi mai târziu că aceste idei fuseseră greșite, dar așa funcționează știința: oamenii învață mereu lucruri noi și actualizăm constant informațiile pe care le considerăm adevărate.)

**Ptolemeu**, un om de știință grec care a trăit în secolul al II-lea d.H., și-a bazat observațiile prezentate în cărțile pe care le-a scris pe informațiile astronomilor greci de dinaintea lui. Datorită scrierilor sale, ideea că Universul are Pământul în centru, iar planetele și Soarele orbitează în jurul lui este numită *sistem ptolemeic* sau **geocentrism**.

După ce perioada astronomilor greci a apus, învățații din Orientul Mijlociu au strâns informațiile care le-au fost transmise și le-au actualizat cu propriile lor descoperiri. Dar următoarea descoperire majoră a avut loc abia prin anii 1500, când un astronom polonez – **Nicolaus Copernic** – a emis teoria conform căreia Pământul și celelalte planete orbitau în jurul Soarelui. Asta, spunea el, ar explica de ce unele planete păreau să se miște în moduri stranii pe cerul vizibil de pe Pământ, în loc să se miște în cercuri evidente, precum Luna.

Pe atunci, convingerile religioase și științifice se bazau pe ideea că Pământul era centrul Universului, deci mulți oameni nu i-au dat prea multă crezare lui Copernic și noilor lui idei trăsnite. (Probabil oamenilor le place să creadă că sunt buricul lumii.) Abia mulți ani mai târziu, după moartea lui Copernic, s-a demonstrat că ideea lui, conform căreia planetele orbitează în jurul Soarelui, fusese adevărată.

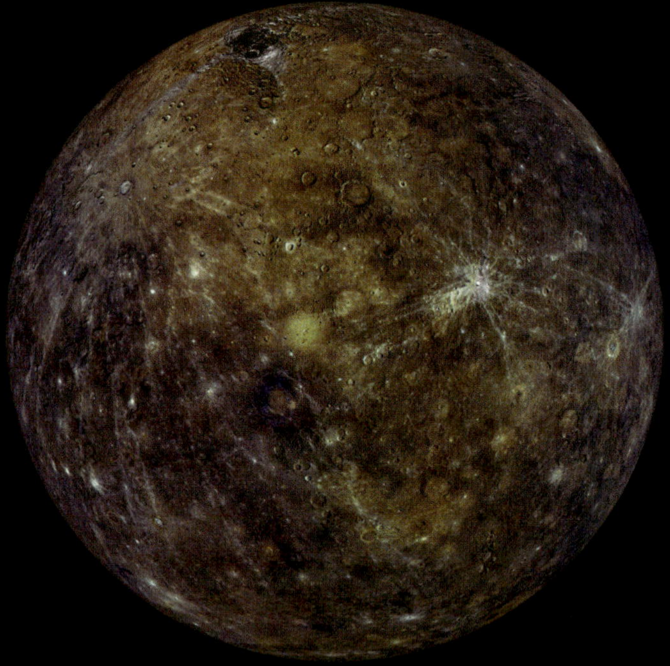

# MERCUR

## Demonul vitezei

### Particularităţi planetare

Diametru: 4 900 km

Durata unei zile (sau timpul necesar pentru a face o rotaţie completă în jurul axei sale): 59 de zile pământene

Durata unui an (sau timpul necesar pentru a face o rotaţie completă în jurul Soarelui): 88 de zile pământene

Sateliţi (luni): zero

Temperatură medie: 167 grade Celsius

Cea mai apropiată planetă de Soare şi prima oprire în turul nostru prin Sistemul solar este Mercur.

Condiţiile de pe planeta Pământ sunt perfecte pentru formele de viaţă de aici, dar ele nu ar putea trăi pe Mercur. Este a doua cea mai mică dintre cele nouă planete tradiţionale din Sistemul solar (e mai mare doar decât planeta Pluto) şi una dintre cele mai puţin primitoare. Are o **atmosferă** formată în principal din oxigen, sodiu, hidrogen, heliu şi potasiu. Dar acea atmosferă este atât de subţire, încât dacă am sta pe suprafaţa lui Mercur, ar fi ca şi cum am păşi din naveta spaţială direct în cosmos – nu am putea respira deloc.

Multe dintre lucrurile pe care le ştim despre Mercur le-am aflat trimiţând rachete fără oameni, numite **sonde**, în misiuni de recunoaştere. (Una dintre ele chiar s-a prăbuşit pe suprafaţa lui Mercur în 2015.) Astfel ne-am apropiat suficient cât să vedem că suprafaţa lui Mercur este similară cu cea a Lunii, care e presărată cu câmpii largi şi **cratere** adânci (găuri create de corpurile cereşti care s-au prăbuşit pe suprafaţa lui). De asemenea, am detectat şi gheaţă în unele locuri.

Unii astronomi cred că Mercur are un nucleu de fier care s-a micşorat când s-a răcit. Acest lucru a dus la cutarea şi ridicarea suprafeţei, care ar explica modul de formare a unor stânci şi văi.

Mercur este greu de observat pe cerul nopţii, pentru că se află foarte aproape de Soare. (De obicei, când Mercur este sus pe cer, vezi şi Soarele, şi nu prea poţi observa stele şi planete în timpul zilei.) Uneori, Mercur poate fi văzut imediat după apus sau înainte de răsărit, când Soarele se află chiar sub linia **orizontului**. Când Mercur se află în punctul cel mai îndepărtat de Soare, este momentul perfect să-l identifici, dar aceste ocazii nu corespund unor date exacte din calendarul nostru. Revistele şi site-urile web de astronomie oferă liste cu cele mai bune momente în care poţi observa această planetă.

## Rotaţie vs. Revoluţie

Planetele din Sistemul nostru solar execută o mişcare de **revoluţie** în jurul Soarelui, parcurgând o traiectorie în care ajung în punctul din care au plecat. În timp ce orbitează, ele se **rotesc** pe loc, învârtindu-se într-un cerc, ca într-un carusel. În vremurile de demult, când încercam să ne dăm seama care-i treaba cu calendarele, am decis că durata de timp pentru o mişcare de revoluţie a Pământului este de un an. S-a mai stabilit că durata de timp pentru o rotaţie completă în jurul axei sale, linia imaginară care trece prin centrul Pământului, este de o zi. Deci, modul de bază în care ne raportăm la timp este direct determinat de mişcările de rotaţie şi de revoluţie ale planetei noastre.

### DICŢIONARUL SPAŢIULUI ÎNDEPĂRTAT

**Atmosferă** – Înveliş gazos care înconjoară Pământul sau altă planetă.

**Sondă** – Vehicul spaţial lansat de pe Pământ şi trimis pentru a colecta informaţii din locuri îndepărtate, cum ar fi alte planete, asteroizi sau sateliţi.

**Crater** – Gaură lăsată de un obiect care s-a lovit de suprafaţa unei planete sau a unui satelit.

**Orizont** – Linie imaginară din depărtare unde cerul pare că se întâlneşte cu suprafaţa Pământului.

**Mişcare de revoluţie** – Mişcare a unui corp în jurul altuia, aşa cum Pământul şi alte planete se mişcă în jurul Soarelui.

**Mişcare de rotaţie** – Mişcare a unui corp în jurul propriului ax. Pământul se învârte, sau se roteşte, în jurul axului în acelaşi timp în care orbitează în jurul Soarelui.

**Axă** – Linie imaginară care traversează centrul unei planete, în jurul căreia aceasta se roteşte. (Axa Pământului îl traversează de la Polul Nord la Polul Sud.)

## Să o numim Mercur

*Pentru că făcea înconjurul Soarelui în doar 88 de zile, Mercur era considerat un demon al vitezei de către romanii antici care observau cerul. De aceea, au numit planeta după zeul Mercur, un personaj din mitologia lor despre care se credea că are aripi la picioare şi la pălăria pe care o purta pe cap. Super-viteza lui îi permitea să transmită rapid mesajele de la un zeu la altul.*

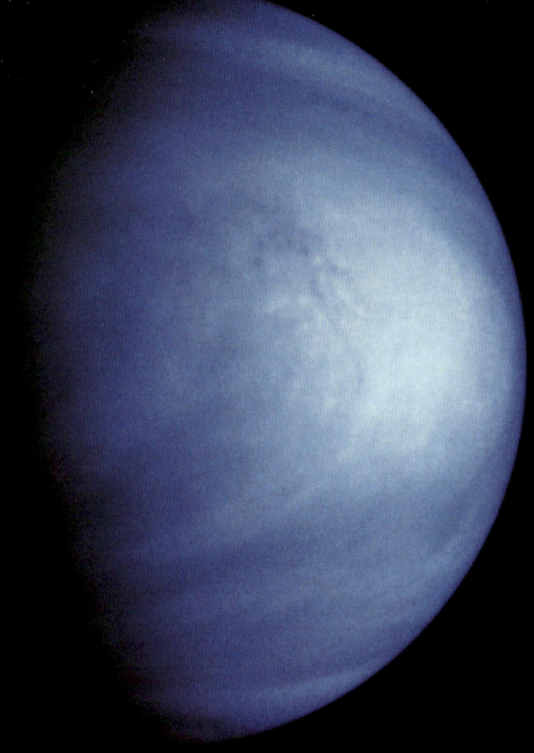

# VENUS

## Sora Pământului

### Particularități planetare

Diametru: 12 104 km

Durata unei zile: 243 de zile pământene

Durata unui an: 225 de zile pământene

Sateliți: zero

Temperatura medie: 454 grade Celsius

Venus se află mai aproape de Pământ decât Mercur, dar să nu crezi că este un loc mai primitor, în care am putea trăi. Dacă-ți vine să crezi, Venus este chiar mai fierbinte decât Mercur!

Oamenii credeau cândva că Venus (a doua planetă) este sora Pământului, pentru că este mai aproape de noi și are cam aceleași dimensiuni ca Pământul. Dar cele două planete nu mai au alte lucruri în comun.

Atmosfera lui Venus este atât de înnorată încât este imposibil să-i vezi suprafața. Norii din atmosferă mai absorb și căldură, ca o cameră însorită cu ferestrele închise, fără ventilator sau aer condiționat. De aceea planeta este atât de fierbinte – chiar mai fierbinte decât Mercur, în ciuda faptului că distanța de la Venus la Soare este de două ori mai mare decât cea de la Mercur la Soare. La suprafață, Venus are vulcani uriași și câmpii vaste formate când lava s-a scurs și apoi s-a răcit.

Venus se rotește atât de încet încât o zi este mai lungă decât un an. Asta înseamnă că durează mai mult ca planeta să se învârtă o dată în jurul axei sale decât durează să facă un tur complet în jurul Soarelui. Și, în loc să se rotească în aceeași direcție, ca majoritatea celorlalte planete (în sens invers acelor de ceasornic), Venus se rotește în sensul acelor de ceasornic. Unii astronomi cred că o coliziune puternică cu o bucată de rocă sau metal care plutea în spațiu, probabil cu milioane de ani în urmă, a determinat mișcarea de rotație inversă a planetei. Alții au sugerat că forțele naturale, cum ar fi atracția Soarelui și mareele, au cauzat rotația actuală a lui Venus.

## HAI SĂ PRIVIM CERUL

**Văzută de pe Pământ, Venus este cea mai luminoasă dintre toate planetele. (Acei nori fac o treabă fantastică reflectând lumina Soarelui.) Pentru că orbitează relativ aproape de Soare, Venus este cel mai ușor de identificat imediat după apusul Soarelui sau chiar înainte de răsărit. Acesta este motivul pentru care i se mai spune uneori *Luceafărul de seară* sau *Luceafărul de dimineață*.**

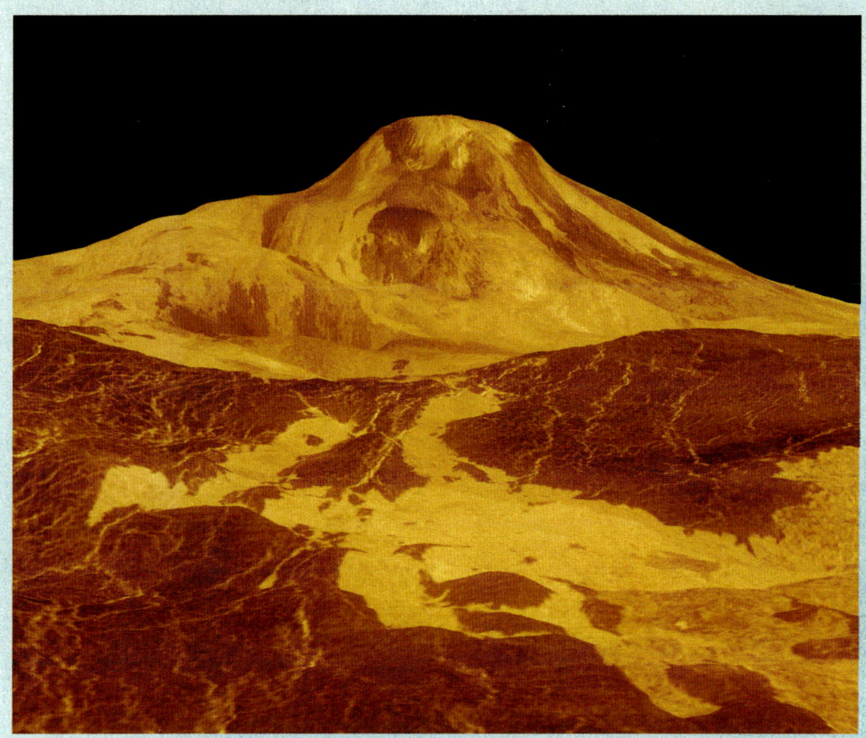

**Lava se scurge din vulcanul venusian Maat Mons, denumit după zeița egipteană a adevărului.**

## Să o numim Venus

*Astronomii timpurii considerau strălucirea puternică a lui Venus ca fiind deosebit de frumoasă, așa că au denumit planeta după zeița dragostei și a frumuseții. Aproape fiecare aspect descoperit pe suprafața planetei poartă numele unei femei. Venus are un vulcan denumit după marea poetă greacă Sappho și o regiune numită Phoebe, după altă zeiță greacă.*

**Privind în spatele Lunii, poți vedea planeta Venus strălucind în depărtare.**

NAȘTEREA LUI VENUS, PICTURĂ DE BOTTICELLI ITALIA

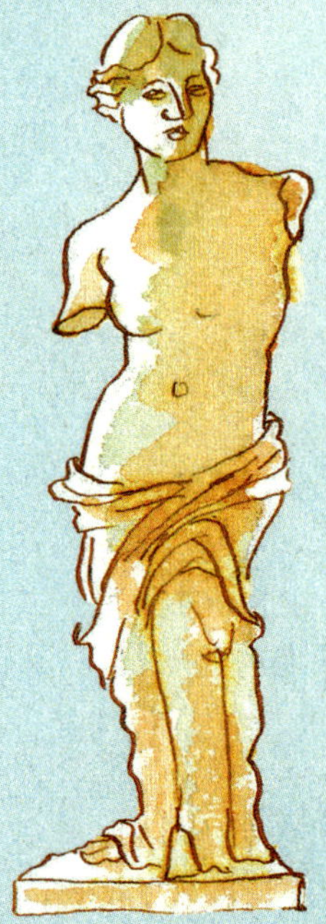

VENUS DIN MILO GRECIA

PLANETA VENUS SISTEMUL NOSTRU SOLAR

# PĂMÂNTUL

## Nicăieri nu-i ca acasă

### Particularități planetare

Diametru: 12 755 km

Durata unei zile: 24 de ore

Durata unui an: 365 de zile

Sateliți: 1

Temperatura medie: 15 grade Celsius

Probabil nu iei în considerare Pământul când te gândești la spațiu și la Sistemul solar. Dar Pământul este o planetă ca oricare alta – doar că despre el avem cele mai multe informații deoarece trăim aici.

Două treimi din suprafața Pământului sunt acoperite de apă, iar restul suprafeței variază de la întinse deșerturi aride, la munți cu piscuri impunătoare. Pământul este foarte variat – ar trebui să ne considerăm norocoși că trăim aici!

Aproape 2 milioane de forme de viață au fost identificate pe Pământ, iar în fiecare an sunt descoperite mai multe. (Unii oameni de știință cred că ar exista 1 trilion de forme diferite de viață – o grămadă de tufișuri, lilieci, gândaci și **bacterii**!) Iar atmosfera Pământului are un rol mult mai important, nu doar să le ofere oamenilor oxigenul necesar respirației și plantelor dioxidul de carbon de care au nevoie pentru a crește. Atmosfera ajută la filtrarea razelor solare periculoase, permițându-i luminii să treacă pentru a ne încălzi și a lumina cerul – astfel încât să îl putem vedea.

Până acum, Pământul este singura planetă pe care știm sigur că există viață. Cei mai mulți oameni de știință cred că acest lucru se datorează mai multor factori: cantitatea mare de apă care există și temperatura optimă (nici prea ridicată, nici prea scăzută).

Nicio altă planetă din Sistemul nostru solar nu are aceste caracteristici, dar poate în altă parte, într-o altă galaxie, există o planetă cu condiții ideale de viață. Luând în considerare că știm cât de mare este Universul, e greu de crezut că *nu există* viață undeva, acolo.

Poate părea surprinzător, dar Pământul nu este perfect rotund. Distanța dus-întors de la Polul Nord la Polul Sud în jurul Pământului este puțin mai mică decât distanța în jurul Pământului parcursă pe la **Ecuator** (o linie imaginară care înconjoară Pământul exact la jumătatea distanței dintre Polul Nord și Polul Sud). Asta înseamnă că Pământul este puțin turtit la capete – ca o bilă de plastilină pe care cineva a apăsat-o puțin mai tare.

## STARURILE ASTRONOMIEI

**Când Copernic și-a dat seama că planetele se rotesc în jurul Soarelui, a rezolvat unul dintre marile mistere ale astronomiei. Cu toate acestea, mai târziu, astronomii s-au plâns că planetele par să se miște altfel, nu urmând traiectoriile perfect rotunde pe care le-a descris el.**

**Tycho Brahe a fost un astronom danez din secolul al XVI-lea care, la fel ca mulți alții, credea că Soarele se rotește în jurul Pământului. Totuși, asistentul lui, Johannes Kepler, a folosit cercetările lui Brahe pentru a demonstra că planetele orbitau în jurul Soarelui urmând o elipsă. O elipsă descrie o formă mai curând ovală decât rotundă. Descoperirea a convins mulți oameni de faptul că Nicolaus Copernic avusese dreptate în tot acel timp.**

### DICȚIONARUL SPAȚIULUI ÎNDEPĂRTAT

**Bacterii** – Forme de viață minuscule ce pot fi văzute doar prin microscop.

**Ecuator** – Linie imaginară care înconjoară Pământul la jumătatea distanței dintre poli.

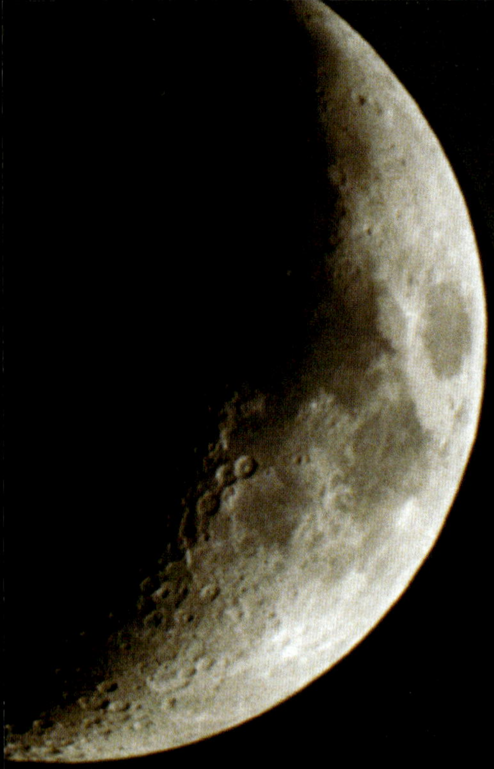

# LUNA

## Partenera Pământului

### Listă Lunară

Diametru: 3 476 km

Face o rotaţie completă în jurul Pământului: la fiecare 29,5 zile pământene

Temperatură: variază de la –173 grade Celsius la +127 grade Celsius

Probabil ai văzut deja Luna de o grămadă de ori, nu-i aşa? Aceasta este cel mai uşor de găsit pe cerul nopţii şi reprezintă una dintre cele mai interesante privelişti de explorat. Dar ce este un satelit natural? La fel cum Pământul şi celelalte planete orbitează în jurul Soarelui, un satelit este un obiect care orbitează în jurul unei planete.

Satelitul natural care orbitează Pământul este Luna, dar nu este singurul satelit natural din Univers. De fapt, majoritatea planetelor din Sistemul nostru solar au cel puţin un satelit care orbitează în jurul lor. Acest satelit îl numim „Luna" cu L mare pentru că este primul pe care l-am observat (şi încă este preferatul nostru).

Suprafaţa Lunii este acoperită de cratere formate din cauza bucăţilor de rocă din spaţiu care s-au ciocnit de ea. Poţi vedea câteva dintre aceste cratere atunci când o priveşti, mai ales atunci când este luminată în întregime. Dacă te uiţi cu atenţie (şi îţi foloseşti şi imaginaţia puţin), ai putea să recunoşti trăsăturile unei feţe – faimosul „Om din Lună"*.

* *Man on the Moon* – Un concept care este cunoscut drept *pareidolie*, adică creierul uman are tendinţa de a vedea figuri sau lucruri familiare în orice obiect în realitate banal. *(n.tr.)*

Cum a ajuns Luna să orbiteze în jurul Pământului este un subiect larg dezbătut. Unii cred că s-a format în aceeaşi perioadă cu Pământul. Alţii cred că este o bucată de rocă care, trecând pe lângă Pământ, a fost prinsă de forţa de atracţie a acestuia. Iar alţi oameni cred că este un rest de materie dintr-o planetă care a intrat cândva în coliziune cu Pământul. S-ar putea să nu elucidăm niciodată acest mister, dar ştim multe alte lucruri despre satelitul nostru.

Luna este mai mult decât un cerc drăguţ observabil noaptea. Chiar dacă se află la o distanţă de aproximativ 383 000 de kilometri, aceasta influenţează viaţa de pe Pământ. Ca toate corpurile cereşti, Luna are propria ei gravitaţie – forţă naturală din fiecare corp cu masă care atrage alte corpuri din jurul său. (Vom învăţa mai multe despre gravitaţie mai târziu.) Apa din oceanele şi mările Pământului este trasă către Lună, creându-se astfel mareele – mişcarea de înaintare şi de retragere de la ţărm a apei mărilor şi oceanelor. Atracţia Lunii încetineşte şi rotaţia Pământului. Oamenii de ştiinţă cred că Pământul făcea cândva o rotaţie completă în doar 8 ore în loc de 24, dar a fost încetinit de gravitaţia Lunii.

O rotație atât de rapidă făcea vânturile să bată mult mai tare și curenții oceanelor să fie mult mai puternici. Dacă nu era Luna, Pământul ar fi fost un loc cu condiții de viață mult mai aspre.

## Eclipsele lunare

Uneori, în loc să se interpună Luna între Pământ și Soare (fiind perfect aliniate toate trei), Pământul se interpune între Lună și Soare – tot perfect aliniate. În nopțile când se întâmplă acest lucru, putem vedea cum umbra Pământului se mișcă prin fața Lunii. Astfel se formează o eclipsă lunară și, chiar dacă nu este la fel de spectaculoasă precum o eclipsă solară (despre care ai învățat mai devreme), este o imagine fascinantă – pe care nu o vezi deseori.

Nu ai nevoie de instrumente speciale pentru a vedea o eclipsă lunară. Atât timp cât știi când va avea loc o eclipsă lunară, nu trebuie decât să ieși din casă și să-ți ridici privirea spre cer pentru a observa cum umbra Pământului trece prin fața Lunii.

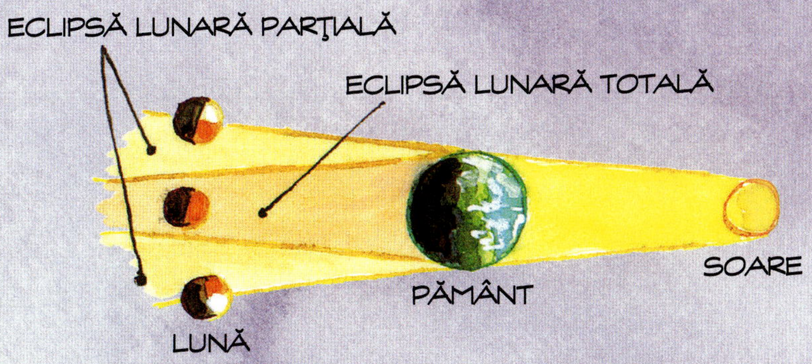


## Fazele Lunii

Uneori, Luna arată ca un cerc rotund, plin, iar alteori vei vedea doar o fâșie în formă de semicerc. Acest lucru depinde de poziția Lunii în funcție de Soare – vorbim despre fazele Lunii.

Când Luna se află între Pământ și Soare, Soarele luminează partea din spate a Lunii, pe care nu o putem vedea. Astfel, de pe Pământ, ea pare complet neagră – nu o putem vedea deloc! – și numim această fază *Lună nouă*. Când Luna se află la jumătatea distanței pe oricare dintre părțile Pământului, vedem puțin din partea întunecată și puțin din partea luminată. (Pe măsură ce devine din ce în mai plină – adică în creștere –, atunci când este pe jumătate plină numim faza *Primul pătrar*. Pe măsură ce devine din ce în ce mai subțire – adică în descreștere –, atunci când este pe jumătate goală numim faza *Ultimul pătrar*.) Când Pământul se află între Lună și Soare, vedem partea plină, luminoasă a Lunii, care este îndreptată către Soare – este *Lună plină*.

# MARTE

## Planeta roşie

### Particularităţi planetare

Diametru: 6 795 km

Durata unei zile: 24,6 ore

Durata unui an: 687 de zile pământene

Sateliţi: 2

Temperatura medie: –63 grade Celsius

Dacă te-ai afla într-o navetă spaţială care se îndepărtează de Soare, te-ai întâlni cu Marte după ce ai trece de Pământ. Marte are câteva lucruri în comun cu Pământul şi câteva diferenţe destul de mari.

Marte are nu unul, ci doi sateliţi naturali (luni), cu toate că amândoi sunt mult mai mici decât cel al Pământului. Ziua este doar puţin mai lungă decât a noastră, iar Marte are apă îngheţată în calota glaciară nordică – este foarte asemănătoare cu calotele de la polii Pământului.

Dar atmosfera subţire a planetei Marte permite ca în spaţiu să ajungă cantităţi mari de căldură. Acest lucru, combinat cu distanţa mai mare faţă de Soare, face ca planeta să fie mult mai rece decât Pământul. Atmosfera subţire mai înseamnă că nu există nici suficient oxigen de respirat şi că permite trecerea mai multor raze solare periculoase.

Suprafaţa planetei Marte este acoperită cu un praf granulat, similar ruginei care se formează pe fier. Vânturile împrăştie praful pe toată suprafaţa planetei, ceea ce îi dă culoarea roşie. De aceea Marte mai este numită şi *Planeta roşie.*

## Înălţimi şi adâncimi marţiene

Mons Olympus, un vulcan de pe Marte care a încetat să erupă acum mult timp, este cel mai înalt vulcan cunoscut din Sistemul solar. Se înalţă impunător la 24 de kilometri în cerul marţian şi este de 3 ori mai înalt decât cel mai înalt munte de pe Pământ. Marte are şi cel mai adânc canion cunoscut – Valles Marineris are o adâncime maximă de 8 kilometri, însemnând că este cu 6,4 kilometri mai adânc decât Marele Canion din statul Arizona, SUA.

Timp de secole, oamenii s-au întrebat dacă există viaţă pe Marte. De fapt, în urmă cu câteva miliarde de ani, condiţiile de viaţă de pe Marte se poate să nu fi fost prea diferite de cele pe care le avem acum pe Pământ. Există dovezi conform cărora existau ape curgătoare care formau oceane cu adâncime mică. Oamenii de ştiinţă cred că elementele care compuneau apa s-au evaporat încet în atmosferă, plutind apoi prin Univers şi lăsând în urmă planeta uscată, ruginită pe care o vedem astăzi.

În fiecare an aflăm tot mai multe despre Planeta roşie. În anii '60, au fost trimise sonde spaţiale care să zboare în jurul planetei Marte şi să o observe.

Începând cu anii ’70, au fost lansate diferite obiecte spațiale care să orbiteze în jurul lui Marte și chiar să aterizeze pe suprafața planetei, de unde puteau colecta chiar și mai multe date. În anii ’90, vehicule numite rover au aterizat pe Marte și au început să se deplaseze de-a lungul planetei, oferind noi informații.

Următorul pas s-ar putea să fie chiar trimiterea unui om pe Marte! George W. Bush – al 43-lea președinte SUA, în perioada 2001–2009 – a anunțat în 2004 un plan conform căruia, într-o bună zi, oamenii vor ajunge pe Marte. Administrația Națională Aeronautică și Spațială, cunoscută mai ales sub numele de NASA, speră să trimită pe Marte primele ființe terestre în anii 2030. Companiile private încearcă și ele să trimită oameni pe Marte, inclusiv SpaceX (care lansează deja rachete în spațiu). În unele planuri se preconizează ca aceste călătorii să aibă loc în etape, cu opriri în primă fază pe Lună sau pe o stație spațială. Una dintre companii își dorește chiar să trimită oameni într-o călătorie doar dus către Marte – fără drum întors! –, ceea ce este mult mai ieftin decât încercarea de a-i aduce înapoi pe Pământ. Mii de oameni au aplicat pentru această misiune.

## Să o numim Marte

*Datorită culorii ei roșii, romanii antici au asociat Marte cu sângele, așa că au numit planeta după zeul războiului. Conducătorii romani păstrau într-un templu special sulițele sacre ale lui Marte. Când plecau la război, sulițele erau agitate în aer în timp ce unul dintre conducători striga „Mars vigila!” („Marte, trezește-te!”). Marele împărat roman Caesar Augustus îl considera pe Marte gardianul său personal.*

**Solul marțian conține cantități ridicate de oxizi de fier, sau rugină, care îi oferă planetei culoarea ei roșie-portocalie.**

## HAI SĂ PRIVIM CERUL

**La fel ca Venus și Mercur, planeta Marte poate fi observată cel mai bine imediat după apus sau chiar înainte de răsărit. La fiecare 26 de luni, aceasta trece foarte aproape de Pământ. Atunci este cel mai bun moment să vezi Marte; poți verifica care sunt aceste date într-o revistă sau pe un site web de astronomie.**

# JUPITER

## Regele planetelor

### Particularităţi planetare

Diametru: 142 984 km

Durata unei zile: 9,9 ore

Durata unui an: 11,8 ani pământeni

Sateliţi: 79

Temperatura medie: –148 grade Celsius

Planeta Jupiter se află mult mai departe de noi decât Venus – de aproape 15 ori mai departe, ca să fim exacți. Dar, la fel ca pe Venus, și pe Jupiter poți să îl găsești pe cer doar folosindu-ți ochii. Acest lucru e posibil pentru că este atât de mare – destul de mare încât să încapă în el toate celelalte planete și totuși să mai rămână spațiu.

Însă, în acest caz, cel mai mare nu înseamnă cel mai bun, cel puțin dacă te gândești la cel mai bun loc unde poți locui. În primul rând, Jupiter nici nu prea are o suprafață pe care să stai. În centrul lui Jupiter există un nucleu, dar este înconjurat de straturi de gaz. Exact aceste straturi sunt vârtejurile pe care le vedem pe planetă. Nici temperatura nu este foarte confortabilă – chiar dacă *ar exista* o suprafață pe care să stai, ar avea 100 și ceva de grade sub 0. Bârrrr!

Cea mai cunoscută caracteristică a lui Jupiter probabil că este Marea Pată Roșie, o furtună enormă, cam ca un uragan. (Ca și cum viața pe Jupiter nu pare destul de rea, imaginează-ți că te prinde o astfel de furtună!) Nimeni nu știe dacă Marea Pată Roșie va exista pentru totdeauna, dar știm că furtuna a făcut ravagii cel puțin în ultimii 150 de ani. Jupiter nu are o suprafață care să încetinească furtunile, cum se întâmplă pe Pământ. Primii astronomi care au folosit telescoape pentru a vedea planeta în detaliu au descoperit și ei această pată. Și chiar dacă Marea Pată Roșie variază în dimensiune, aceasta este mai mare decât planeta noastră.

Una dintre cele mai interesante caracteristici ale lui Jupiter este colecția sa de luni (sateliți naturali) – are 79! (Și astronomii spun că ar putea fi și mai multe, dar încă nu le-am descoperit.) Galileo a descoperit cei patru sateliți care sunt cei mai mari – Ganymede, Callisto, Europa și Io –, aceștia sunt cei care primesc cea mai multă atenție de la împătimiții stelelor.

TATA JUPITER AVÂND GRIJĂ DE NUMEROASELE SALE LUNI

Având un diametru de 5 262 km, Ganymede este cel mai mare

### HAI SĂ PRIVIM CERUL

**De obicei, nu este prea dificil să îl găsești pe Jupiter pe cerul nopții, pentru că strălucește mai puternic decât cea mai strălucitoare stea (cu excepția Soarelui, bineînțeles.) El poate fi observat cu ușurință atunci când se află cel mai aproape de noi: în 2019, în a doua săptămână din iunie; în 2020, în a doua săptămână din iulie; în 2021, în a treia săptămână din august; în 2022, în ultima săptămână din septembrie.**

satelit al lui Jupiter. La fel ca Luna noastră, el este pietros, rece și acoperit de stânci înalte și cratere adânci.

Callisto are cratere așa cum are Luna noastră, dar nu la fel de adânci. Oamenii de știință cred că acestea ar putea fi pline cu gheață. Craterele formate mai de curând nu sunt încă umplute fiind mai luminoase decât celelalte, ceea ce îi oferă satelitului un aspect neregulat.

Chiar dacă este formată din gheață și piatră ca majoritatea sateliților pe care i-am descoperit deja, Europa este specială deoarece pare să conțină și apă. Unii astronomi cred că atracția gravitațională a altor sateliți ar putea avea ceva de-a face cu refuzul acestui lichid de a se transforma în gheață.

Io este cunoscută pentru numeroșii săi vulcani care erup continuu. Ei scuipă afară sulf, nu lavă, destul cât să își formeze o suprafață complet nouă la fiecare o sută de ani.

Restul sateliților lui Jupiter sunt mai mici, iar unii au denumiri grecești simpatice de reținut și pronunțat: Adrastea, Amalthea, Ananke, Carme, Elara, Himalia, Leda, Lysithea, Metis, Pasiphae, Sinope și Thebe.

## Să o numim Jupiter

*Fiind cea mai mare planetă din Sistemul nostru solar, se cade să fie numită după zeul roman suprem. Dar acest lucru este de fapt o coincidență – romanii nu știau cât de mare este Jupiter. Ei au numit-o după cel mai important zeu al lor deoarece planeta strălucea atât de puternic.*

# SATURN

## Planeta cu inele

### Particularități planetare

Diametru: 116 463 km

Durata unei zile: 10,7 ore

Durata unui an: 29 de ani pământeni

Sateliți: 53

Temperatura medie: –178 grade Celsius

Următoarea după Jupiter este o planetă pe care sigur o cunoști – faimosul Saturn inelat. Acele inele sunt de fapt centuri formate din rocă, praf și gheață, prinse pe o orbită în jurul planetei.

La fel ca Jupiter, Saturn este alcătuit în principal din gaz – hidrogen amestecat cu puțin heliu, ca să fim mai preciși –, deci nu prea poți sta pe suprafața sa. Astronomii cred că în centrul lui Saturn se află un nucleu stâncos care se rotește.

Dar Saturn este cel mai bine cunoscut pentru acele inele formate din fragmente de rocă, praf și gheață. Multe dintre fragmente au dimensiuni foarte mici – mai mici decât un grăunte de nisip –, însă altele au un diametru de mai mulți kilometri.

Galileo a observat pentru prima dată inelele lui Saturn în 1610, cu ajutorul unuia dintre primele lui telescoape. El credea că inelele sunt ca niște mici mânere atașate planetei. Mai târziu, oamenii de știință și-au dat seama că aceste benzi erau de fapt niște inele, însă au crezut în mod eronat că erau solide și groase. La începutul secolului XXI, sonda spațială *Cassini* l-a studiat pe Saturn și inelele sale mai mult de zece ani, astfel am putut să le descifrăm mai bine. Așa cum s-a dovedit, aceste inele care se învârt sunt, în principiu, groase de doar 9 metri. Unele dintre fragmentele prezente în inele provin din sateliții lui Saturn – iar, uneori, sateliții le fură înapoi!

**DICȚIONARUL SPAȚIULUI ÎNDEPĂRTAT**

* * * * * * * * * * * * * * * * * * * * * * * * * * * * *

**Dens** – Un corp cu părțile componente strâns unite și deseori greu, ca o bilă de metal.

## HAI SĂ PRIVIM CERUL

**Vei avea nevoie de telescop pentru a vedea inelele lui Saturn, dar planeta în sine poate fi văzută cu ochiul liber. La fiecare 14 ani, inelele se aliniază cu Pământul astfel încât se află în linie dreaptă și nu le putem vedea deloc, nici măcar cu telescopul – ca și cum te-ai uita la marginea unei foi de hârtie. Dacă se întâmplă să identifici Saturn într-unul din aceste momente, va arăta ca o planetă obișnuită. Încearcă să îl găsești anul următor, astfel încât să vezi și inelele!**

Chiar dacă nu este la fel de celebră ca norul roșu de furtună de pe Jupiter, Saturn își revendică propria Mare Pată. La aproximativ fiecare 30 de ani, o pată albă apare în atmosfera planetei – pată despre care astronomii cred că este o furtună destul de similară cu cea de pe planeta anterioară. Această furtună durează timp de câteva luni și, apoi, dispare pentru câteva decenii.

Saturn este cel mai puțin **dens** dintre toate planetele. (Ceva dens este ceva compact și, de obicei, greu.) De fapt, Saturn este atât de ușor încât, dacă ai reuși cumva să îl scufunzi într-o cadă imensă cu apă, ar pluti!

### Să o numim Saturn

*Saturn a fost numit după unul dintre primii zei romani, care a și fost detronat. El a fost tatăl lui Jupiter și zeul agriculturii și al culturilor. Grecii l-au numit Cronos și îl considerau zeul timpului, deci este adeseori înfățișat ca un fel de păstrător al timpului (cronometru).*

# URANUS

## Sfârleaza piezișă

### Particularităţi planetare

Diametru: 50 723 km

Durata unei zilei: 17,2 ore

Durata unui an: 84 ani pământeni

Sateliţi (luni): 27

Temperatura medie: –212 grade Celsius

Încercând să tragi cu ochiul de pe Pământ la îndepărtatul Uranus (va trebui să folosești un telescop ca să îl găsești), vei observa că emană o lumină albastră-verzuie. Asta se întâmplă datorită amestecului de substanţe chimice din atmosfera lui.

Spre deosebire de multe alte planete, Uranus are o temperatură destul de stabilă pe toată planeta (și este una scăzută: –212 grade Celsius). Astronomii cred că nu sunt diferenţe mari de temperatură datorită vânturilor puternice care bat pretutindeni pe planetă, în aceeași direcţie cu sensul de rotaţie al acesteia.

Uranus are și o caracteristică deosebit de ciudată: axa se află aproape în linie dreaptă cu orbita sa, adică se învârte pe-o parte! Pământul și celelalte planete din Sistemul solar se rotesc pe linie aproape verticală, ca un titirez pe care îl rotești pe o masă. (De fapt, fiecare planetă se învârte puţin diferit și niciuna în linie dreaptă, dar înţelegi tu care este ideea.)

Uranus este singura planetă (despre care știm, în orice caz) care se învârte în acest stil piezиș. Rotaţia lui ciudată înseamnă că, pentru un sfert din orbita sa, Polul său Nord este îndreptat spre Soare. Apoi, Ecuatorul său este îndreptat spre Soare pentru alt sfert din orbită, urmat de Polul său Sud. Pentru ultimul sfert de orbită, Ecuatorul lui Uranus este din nou îndreptat spre Soare.

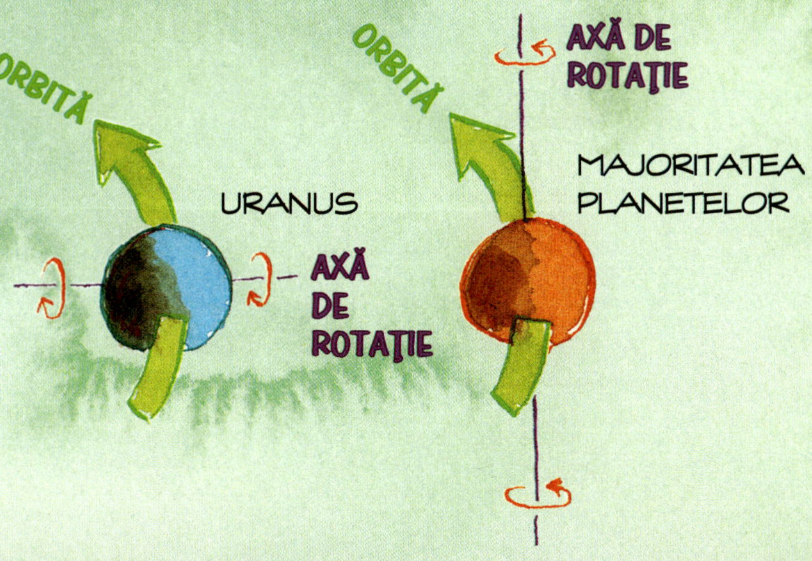

## HAI SĂ PRIVIM CERUL

**Este posibil să vezi Uranus cu ochiul liber, dar nu este așa de ușor. Un telescop bun te ajută într-o mare măsură. În 2019 și 2020, Uranus s-a aflat cel mai aproape de Pământ în luna octombrie. Atunci este momentul perfect să îți iei telescopul și să studiezi graficele din revistele de astronomie pentru a afla care sunt locurile de pe cer în care îl poți observa.**

Oamenii de știință nu știu de ce Uranus are o axă așa de ciudată, dar bănuiesc că o coliziune cu un corp masiv a determinat planeta să se învârtă pe lateral.

Astronomii cred că Uranus este alcătuit aproape în întregime din gaz și că are un nucleu mic, din rocă – dacă are, de fapt, un nucleu. El este înconjurat de mai mult de două duzini de sateliți, mulți fiind descoperiți când sonda *Voyager 2* a trecut pe lângă planetă, în 1986.

La fel ca vecinul Saturn, Uranus pare să aibă câteva inele pale în jurul lui, dar astronomii sunt și mai nesiguri în legătură cu materia din care sunt formate. Ce știm până acum este că inelele sunt formate din bolovani care se învârt pe orbita planetei. Acești bolovani sunt parțial rocă, parțial gheață, parțial cine-știe-ce. Poate într-o zi vom afla.

## Planeta X? Nu-i aici.

Astronomii au crezut mult timp că orbita lui Uranus este puțin bizară. Nu părea să se învârtă în jurul Soarelui în același fel cum se așteptau astronomii să o facă, ținând cont de atracția gravitațională a Soarelui. Așa că s-au întrebat dacă nu cumva mai exista vreo planetă undeva în apropiere, a cărei gravitație trage un pic de Uranus în direcția ei. Unii au presupus că o misterioasă „Planetă X" dădea târcoale din umbră, nevăzută, afectând orbita lui Uranus. Dar când sonda *Voyager 2* a trecut prin apropiere în anii '80, măsurătorile mai exacte ale dimensiunii lui Uranus au arătat că nu era de fapt nimic ciudat legat de orbita lui.

## Să o numim Uranus

*Uranus a fost descoperită mult după epoca Romei antice, dar, ca să păstreze tradiția, astronomii au numit planeta după zeul roman faimos pentru faptul că putea vedea viitorul. Astronomul englez care a descoperit Uranus și-a dorit să numească planeta după Regele George al II-lea, dar astronomii din alte țări nu au fost foarte încântați de această idee.*

# NEPTUN

## Marele albastru

### Particularități planetare

Diametru: 49 244 km

Durata unei zile: 16 ore

Durata unui an: 165 de ani pământeni

Sateliți (luni): 13

Temperatura medie: –235 grade Celsius

În Sistemul solar există câteva locuri care nu sunt foarte primitoare (de exemplu, poți îngheța pe Marte sau poți fierbe pe Venus), dar dacă îți cauți casă în altă parte decât pe Pământ, Neptun este cea mai proastă alegere dintre toate.

Nu numai că aici îți îngheață dinții-n gură, dar vântul spulberă totul în jur bătând cu viteze de până la 1 900 kilometri pe oră. Pe Neptun au loc furtuni uriașe ca cele de pe Jupiter. Punând la socoteală și faptul că – la fel ca Jupiter, Uranus și Saturn – Neptun este alcătuit aproape în întregime din gaz, probabil te bucuri că ai rămas pe Pământ.

Astronomii cred că Neptun s-ar putea să aibă un nucleu format din rocă, dar nu sunt siguri, ca în cazul lui Uranus. Ei știu totuși că planeta nu are o suprafață solidă. Atmosfera este încărcată cu metan, care absoarbe lumina roșie, oferindu-i planetei înfățișarea de un albastru intens pentru care este cunoscută.

Sonda spațială *Voyager 2* s-a învârtit timp de trei ani în jurul lui Uranus și apoi a dat o tură pe lângă Neptun, descoperind imediat că și acesta are inele – la fel ca Saturn și Uranus. Dar, spre deosebire de bolovanii care orbitează în jurul lui Uranus, inelele lui Neptun par să fie formate din particule de dimensiunea firului de praf. *Voyager 2* a mai prins un prim-plan cu sateliții lui Neptun. Satelitul Triton, care este aproape la fel de mare precum Luna, este considerat cel mai rece loc din Sistemul solar: are o temperatură neprietenoasă de –235 grade Celsius.

Unii astronomi cred că Triton a fost cândva o planetă. Se spune că a trecut puțin prea aproape de Neptun și a fost prins de gravitația lui – dar asta este doar o teorie, nu un fapt demonstrat.

Neptun mai are o altă caracteristică comună cu cea a vecinilor săi: petele. În timp ce Jupiter are Marea Pată Roșie care există de multe decenii, Neptun are pete întunecate care dispar după câțiva ani.

O furtună întunecată dezlănțuită de-a lungul suprafeței albastre a lui Neptun.

## Să o numim Neptun

*Planeta Neptun a fost numită după zeul oceanelor, lacurilor și râurilor. (Legenda spune că acest zeu seca toate apele când nu era în toane bune!)*

## Schimb de locuri

În mod normal, Pluto este a noua planetă de la Soare. Uneori, orbita lui neobișnuită îl aduce mai aproape de Soare decât pe Neptun. Când se întâmplă asta, la fiecare câteva sute de ani, are loc o vrajă ce ține douăzeci de ani: Neptun devine planeta cea mai îndepărtată de Soare.

Cu toate că nu este la fel de mare ca Jupiter sau Saturn, Neptun (împreună cu vecinul său, Uranus) este mult mai mare decât Pământul – de patru ori mai mare. Istoria ne arată că a fost descoperit în 1846, dar, de fapt, nimeni altul decât Galileo Galilei l-a văzut în anul 1612. Totuși, l-a confundat cu o stea și nu i-a acordat prea mare atenție. Dacă ar fi făcut-o, probabil că am fi aflat despre cea de-a opta planetă din Sistemul nostru solar cu aproximativ 250 de ani mai devreme!

### HAI SĂ PRIVIM CERUL

**Pentru că se află atât de departe, Neptun se pierde în mulțimea de stele din apropierea sa, complicând identificarea sa. Un binoclu sau un telescop este de mare ajutor. În viitorul apropiat (până în 2028, oricum), cea mai bună perioadă în care să te uiți după Neptun este în luna septembrie.**

Stânga Pluto, dreapta Charon

În 1930, Clyde Tombaugh (se pronunță *Tom-bau*), un astronom din Flagstaff, Arizona (SUA), a comparat mai multe fotografii pe care le făcuse aceleiași zone din spațiu într-o perioadă scurtă de timp. El a observat un punct palid care se mișca diferit față de toate celelalte obiecte din jurul acestuia și a realizat că trebuie să fie o planetă – Pluto.

Astfel, Pluto a devenit a noua planetă din Sistemul solar. Acesta și-a păstrat titlul pentru mai mult de 75 de ani, până în 2016, când Uniunea Astronomică Internațională – a cărei opinie este deosebit de importantă pentru oamenii de știință – a anunțat că Pluto nu era de fapt o planetă. Da, orbita în jurul Soarelui. Da, era (aproape) rotundă. Dar, spre deosebire de orice altă planetă, nu își eliminase toți asteroizii de pe orbită. Deci Pluto a primit o nouă titulatură – **planetă pitică**. Pluto nu este singura planetă pitică din Sistemul solar, dar are o poziție specială pentru că a fost considerată o planetă normală pentru atât de mult timp. Pluto nu are o orbită asemănătoare celorlalte opt planete primare – ele se rotesc mai mult sau mai puțin pe aceeași rută, dar orbita lui Pluto are suișuri și coborâșuri față de rută.

Dacă te gândești la planete ca orbitând în cercuri plate desenate pe o podea întinsă, cu Soarele în mijloc, orbita lui Pluto s-ar duce uneori sub podea, în subsol, sau mult deasupra, la următorul etaj.

## HAI SĂ PRIVIM CERUL

**Nu are niciun sens să încerci să găsești Pluto cu ochiul liber, multe telescoape au și ele probleme în a-l găsi. Dar dacă ai echipamentul corespunzător, este recomandat să scrutezi cerul mai multe zile în funcție de locul în care trăiești. Pluto pare atât de pal încât poate fi ușor confundat cu aștrii din jurul său, iar metoda cea mai bună este să îi urmărești mișcarea timp de mai multe seri consecutive. Perioada cea mai potrivită pentru a-l observa este în luna iunie.**

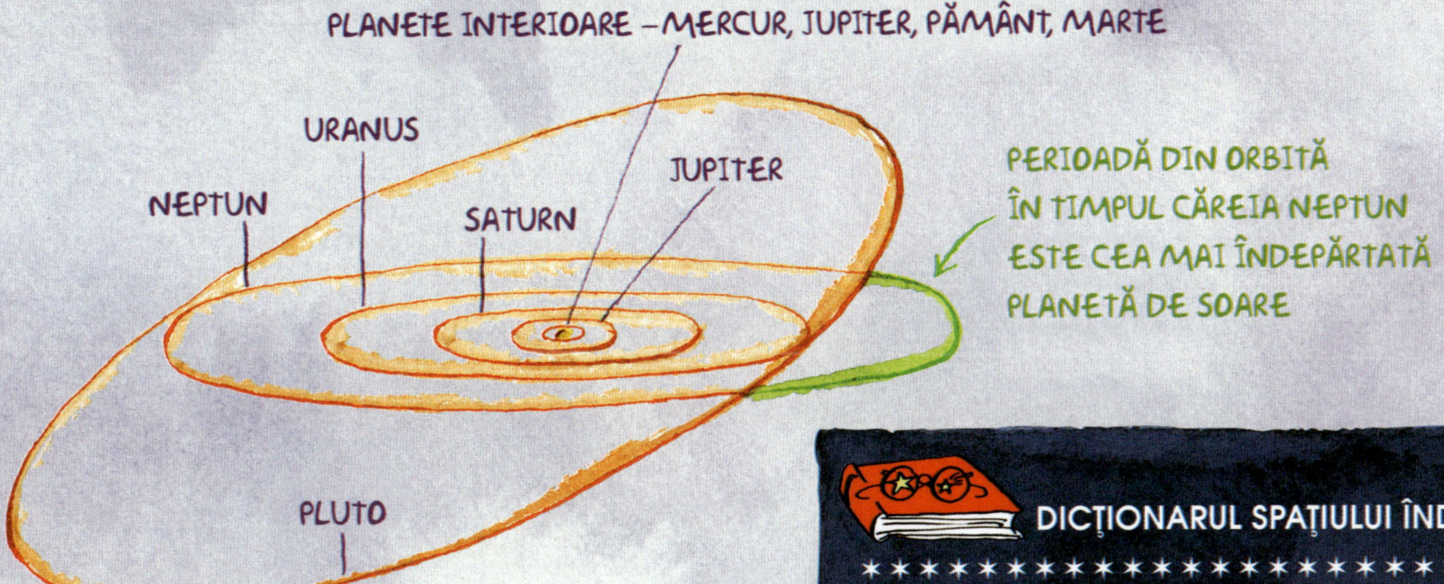


Şi, spre deosebire de planetele gazoase din apropiere, Pluto este format din rocă şi are o suprafaţă dură, pe care poţi sta. (Totuşi, ar fi bine să îţi iei o geacă şi un rezervor de oxigen: temperatura medie este de câteva sute de grade sub zero şi se crede că atmosfera este formată majoritar din metan şi azot.) Pluto are chiar şi propriii sateliţi.

Pluto este cam cât două treimi din Lună, satelitul Pământului. Dar, spre deosebire de ea, Pluto are propria lui atmosferă aparentă – sau, cel puţin, are uneori. Această planetă este atât de rece, încât atmosfera ei apare doar când se află aproape de Soare. Atunci căldura Soarelui topeşte gheaţa din unele locuri de pe planetă, transformând-o în gaz.

Charon, cel mai mare satelit al lui Pluto, este neobişnuit în sensul că orbitează foarte aproape de el. De aceea, privindu-l de la suprafaţa planetei, Charon pare înfiorător de mare – de 18 ori mai mare decât pare Luna noastră văzută de pe Pământ. Şi, spre deosebire de ceilalţi sateliţi ai lui Pluto, Charon este blocat deasupra acestei planete, arătându-şi mereu aceeaşi faţă. El se roteşte în sincron cu Pluto, ca un cuplu care dansează.

**DICŢIONARUL SPAŢIULUI ÎNDEPĂRTAT**

* * * * * * * * * * * * * * * * * * * * * * * * * * *

**Planetă pitică** – Corp ceresc care orbitează în jurul unei stele, este aproape rotund, dar nu a eliminat toate obiectele de pe orbită.

## Să o numim Pluto

*Când a fost descoperit Pluto, a fost numit „Planeta X". Venetia Burney, o fetiţă de 11 ani din Anglia, a sugerat ca noul obiect de pe cer să fie denumit după zeul roman al lumii de dincolo. I-a dat această sugestie bunicului ei, un fost bibliotecar de la Oxford, care a trimis acest nume Societăţii Astronomice Regale. Astronomii au considerat că este perfect pentru o planetă misterioasă – sau, mai târziu, planetă pitică – precum Pluto.*

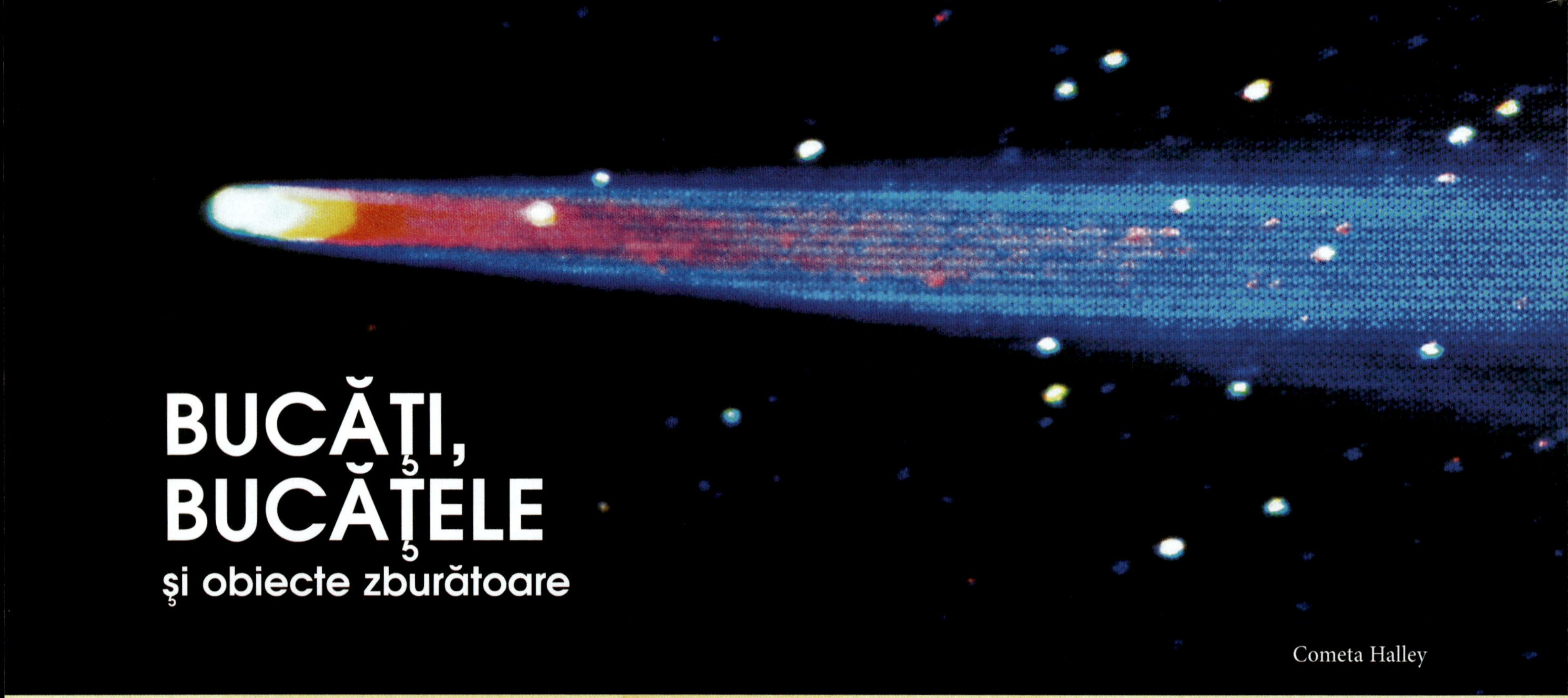

# BUCĂȚI, BUCĂȚELE
## și obiecte zburătoare

Cometa Halley

Stelele și planetele primesc cea mai multă atenție când vorbim despre spațiul **cosmic**. Dar sus, pe cer, există multe alte lucruri grozave. Dacă planifici din timp și îți aduci instrumentele corecte, s-ar putea chiar să vezi unul!

## Asteroizii

**Asteroizii** sunt bucățele de rocă și metal care plutesc prin spațiu. Se crede că între planetele Marte și Jupiter plutesc milioane de asteroizi. Unii dintre aceștia nu sunt mai mari decât o pietricică pe care o găsești prin parc. Dar alții pot fi destul de mari – a fost observat cel puțin unul cu o dimensiune a diametrului de peste 800 de kilometri!

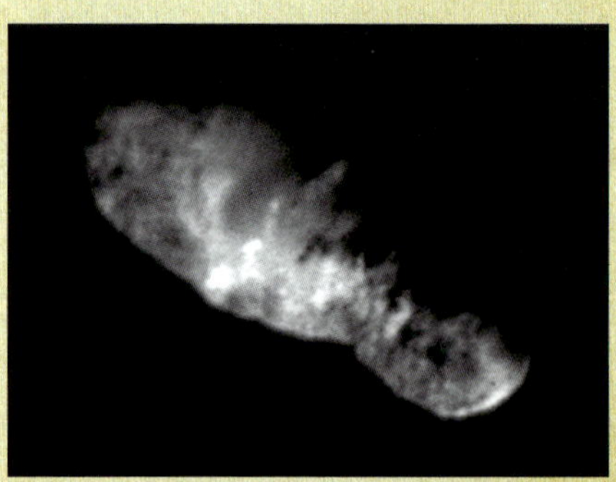

**Vedere de aproape a unei comete**

Unii astronomi cred că, atunci când a început să se formeze Sistemul solar, atracția gravitațională a planetelor Jupiter și Marte a împiedicat adunarea acestor bucățele și formarea unei alte planete. Dacă au dreptate, înseamnă că am fi putut avea *zece* planete, nu nouă, în Sistemul solar.

Dar nu toți astronomii gândesc la fel. Unii cred că asteroizii dintre Marte și Jupiter, dar și alții din Sistemul solar, sunt resturile unei planete care a fost distrusă într-un fel de coliziune cosmică. Este încă unul dintre acele mistere spațiale la care se caută o explicație.

Mulţi oameni de ştiinţă dau vina pe un asteroid pentru dispariţia dinozaurilor acum 65 de milioane de ani. Conform **teoriei**, un asteroid gigantic s-a izbit de Pământ, provocând o explozie imensă. Dinozaurii care nu au fost ucişi imediat, au murit mai târziu. Se crede că un nor s-a ridicat deasupra întregii planete, după ce asteroidul a explodat la contactul cu Pământul, schimbând clima şi făcând viaţa imposibilă nu doar pentru dinozauri, ci şi pentru multe alte plante şi animale.

Mulţi oameni se întreabă ce s-ar întâmpla dacă un asteroid gigantic ar lovi Pământul astăzi. (Poate ai văzut filme sau emisiuni în care se prezintă ceva la fel de groaznic.) Cu toate că astronomii nu pot garanta că acest lucru nu se va întâmpla într-o zi, ei sunt mereu atenţi la asteroizii care trec destul de aproape de Pământ şi nu cred că vor apărea asteroizi mari foarte curând – cel puţin, nu de genul celui care ar fi omorât dinozaurii.

Este destul de greu să observi asteroizii pe cerul nopţii, pentru că până şi cei mai mari se află destul de departe. Dar există alte corpuri cereşti pe care le *poţi* observa, pe lângă stele şi planete. Spre exemplu, **meteori**.

## Meteorii

Când un asteroid sau un alt obiect spaţial plutitor se apropie destul de mult de Pământ, gravitaţia planetei îl atrage spre suprafaţa ei. Corpurile care plonjează astfel spre Pământ sunt cunoscute drept meteori. (Li se mai spune şi „stele căzătoare", chiar dacă nu sunt stele.) Poţi vedea deseori urma aprinsă a unui meteor, care rămâne de-a lungul cerului pe măsură ce acesta prinde viteză în cădere. Chiar dacă nu vedem aerul care formează atmosfera Pământului, noi ştim că există acolo – intervine forţa de frecare cu aerul şi, pe măsură ce meteorul prinde viteză, ia foc, cam la fel ca atunci când aprinzi un chibrit folosind cutia de chibrituri.

**PLOILE DE METEORI: UN SPECTACOL ANUAL**

| NUME | DATĂ APROXIMATIVĂ | METEORI PE ORĂ (număr mediu) |
|---|---|---|
| Quadrantide | 3 ianuarie | 25 |
| Perseide | 12 august | 50 |
| Geminide | 14 decembrie | 50 |
| Aquaride Eta | 4 mai | 20 |
| Aquaride Delta | 29 iulie | 20 |
| Orionide | 21 octombrie | 20 |
| Urside | 22 decembrie | 12 |

Deseori, meteorii ard complet chiar înainte să ajungă la sol. Când un meteor chiar lovește suprafața Pământului, primește un nume diferit: **meteorit**. Astronomii au găsit meteoriți peste tot pe planetă. Pentru că provin din alte locuri, astronomii studiază meteoriții pentru a afla din ce alte lucruri este format Universul.

Când meteoriții lovesc solul, lasă o gaură destul de mare. Cei mai mulți meteoriți cântăresc circa 1 kilogram, dar cei mai mari lasă cratere cu un diametru de aproximativ 1,5 km și sute de metri adâncime (nu trebuie să te îngrijorezi – meteoriții de această dimensiunea sunt rari.)

Meteorii ajung destul de greu la sol din cauza atmosferei planetelor, precum cea a Pământului, iar majoritatea ard complet înainte să lovească suprafața acestora. Dar meteorii au o călătorie mai lină în locurile unde nu există atmosferă (precum Mercur sau Luna), sau atmosfera este subțire (precum cea a planetei Marte). Acesta este motivul pentru care acele locuri sunt brăzdate de atât de multe cratere – de la toți acei meteori care au devenit meteoriți atunci când s-au lovit de suprafața lor.

**DICȚIONARUL SPAȚIULUI ÎNDEPĂRTAT**

**Asteroid** – Bucată de rocă și metal care plutește prin spațiu ca o mini-planetă.

**Cosmic** – Care are legătură cu cosmosul (sau Universul).

**Teorie** – O idee sau o „presupunere educată" formulată de un om de știință pentru a explica ceva. Oamenii de știință își testează teoriile cum pot ei mai bine, în speranța de a le demonstra.

**Meteor** – Obiect căzător din spațiu care lasă o urmă de foc pe cer pe măsură ce plonjează spre sol. Se numește des „stea căzătoare" pentru că așa arată – dar nu este, de fapt, o stea.

**Meteorit** – Un meteor care nu arde complet în atmosferă și lovește suprafața Pământului.

**Ploaie de meteori** – O perioadă în care Pământul trece printr-o zonă din spațiu în care plutesc multe roci și alte corpuri cerești. Rezultatul este un număr neobișnuit de mare de meteori, care adesea sunt vizibili.

**Cometă** – O minge formată din gheață și rocă ce gonește prin spațiu urmând o orbită în jurul Soarelui. Îi crește o „coadă" când se apropie de Soare.

## Cometele

Este distractiv să vezi meteori, dar nu există nimic mai grozav decât altă priveliște specială de pe cer: **cometele**.

O cometă este o bucată mare de gheață și rocă ce zboară prin spațiu, la o viteză incredibilă, ca un mare bulgăre murdar de zăpadă. Nucleele lor pot avea o lățime între 1–2 km și 240 km. Cometele se învârt

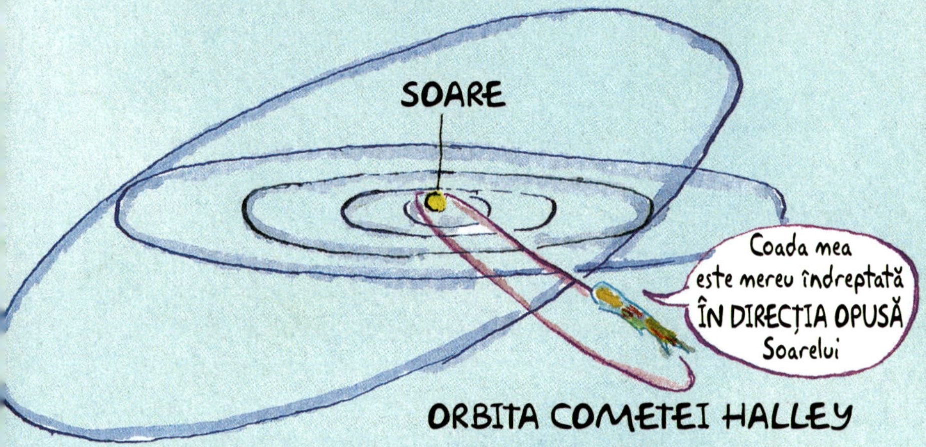


în jurul Soarelui, precum planetele, și pe măsură ce se apropie de el, nucleul se transformă într-un gaz care formează o coadă lungă, luminoasă. Coada este cea care îi oferă cometei o înfățișare atât de spectaculoasă – se poate întinde pe sute de milioane de kilometri. Uneori, o cometă strălucește atât de puternic încât poate fi văzută chiar și în timpul zilei.

### STARURILE ASTRONOMIEI

**Cea mai faimoasă cometă a fost numită după Edmond Halley, un astronom care a trăit între anii 1656 și 1742. Verificând diverse însemnări din 1531, 1607 și 1682 despre o misterioasă lumină de pe cer, Halley a observat că aparițiile aveau loc la aproximativ 76 de ani distanță una de cealaltă. Acest lucru l-a făcut să se întrebe dacă nu cumva cometa urma o orbită largă în jurul Soarelui, una care o aducea aproape de Pământ o dată la fiecare 76 de ani. Dacă ar fi trăit să o vadă, Halley ar fi fost încântat până peste cap când cometa a reapărut la sfârșitul lui 1758, exact cum a preconizat că se va întâmpla. De atunci, aceasta este cunoscută drept** *Cometa Halley*.

Astăzi știm ce sunt cometele, dar ele i-au nedumerit pe majoritatea privitorilor timpurii. Se credea că sunt semne care prevestesc binele sau răul. Unii chiar au sugerat că steaua care i-a călăuzit pe Cei Trei Magi către Isus (conform poveștii biblice) era, de fapt, o cometă.

### ANATOMIA UNEI COMETE

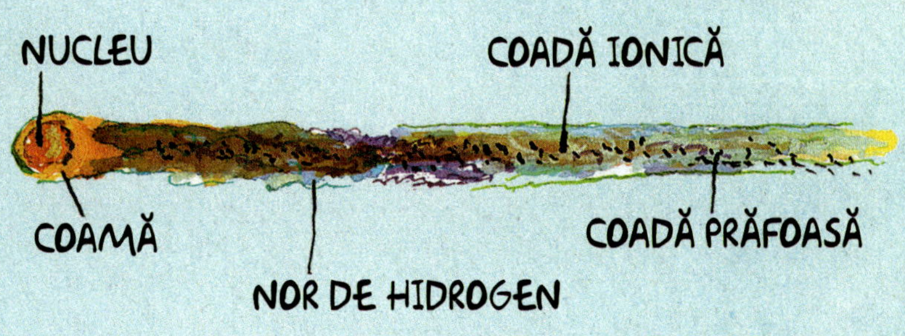


### ANATOMIA UNUI CĂȚEL

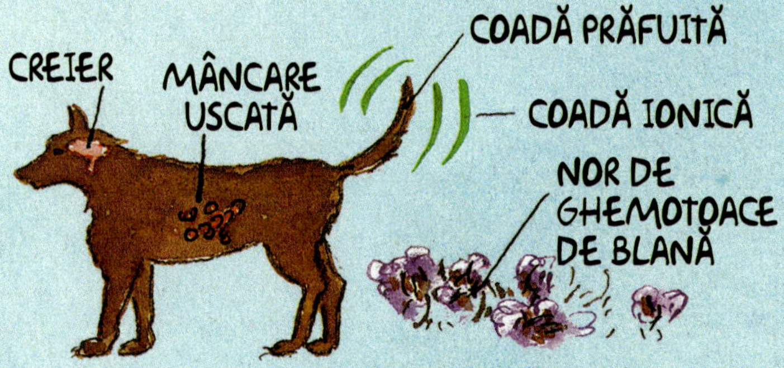

Galaxie spiralată

# GALAXIILE

## Locul în care stelele își petrec timpul

Când îți ridici privirile către un cer nocturn senin, pare că stelele sunt răsfirate la întâmplare prin văzduh, ca un pumn de mărgele strălucitoare aruncate de cineva. Dar, de fapt, fiecare stea face parte dintr-un grup mai mare de stele care sunt ținute laolaltă de atracția lor gravitațională: **o galaxie**.

Unele galaxii sunt atât de mari încât, chiar călătorind cu cea mai rapidă navetă spațială care a fost creată vreodată, ar dura milioane de ani să le traversezi. Galaxia în care trăim noi se numește Calea Lactee.

Fiecare galaxie este diferită, dar există trei tipuri principale:

**Eliptice** – Acestea sunt numite după o elipsă, acel cerc deformat despre care am învățat mai devreme. Galaxiile eliptice au o formă aproape rotundă – sunt mai lungi într-o direcție față de cealaltă. Cele mai multe galaxii din Univers sunt eliptice.

**Spiralate** – Ele sunt roiuri plate, rotunde de stele, praf și gaze, care ies în spirale dintr-un centru dens, gros. Este al doilea cel mai comun tip de galaxie.

**Neregulate** – Aceste galaxii nu au o formă clară, organizată. Astronomii cred că galaxiile neregulate sunt rezultatul ciocnirii dintre două galaxii sau întinderii unei galaxii într-o formă ciudată din cauza atracției unei alteia din apropiere.

**DICȚIONARUL SPAȚIULUI ÎNDEPĂRTAT**

*******************************

**Galaxie** – Grup mare de stele care sunt ținute laolaltă de gravitație.

Astronomii cred că în Univers ar putea exista 2 trilioane de galaxii – posibil și mai multe. Dacă fiecare galaxie conține miliarde, poate trilioane, de stele, asta înseamnă că există mai multe stele în Univers decât fire de nisip pe toate plajele din lume.

## O galaxie doar a noastră: Calea Lactee

Calea Lactee, casa noastră, este o galaxie pe care o poți vedea cu ochiul liber. Fiecare corp ceresc pe care îl vezi pe cerul nopții face parte din ea.

Gândește-te la Calea Lactee – o galaxie spiralată – ca fiind rotundă și plată, ca un frisbee uriaș. Aceasta are o umflătură în mijloc, iar marginile ei se extind în spirale ca o morișcă. Soarele nostru se află la marginea galaxiei, la fel ca și restul Sistemului solar. Dar chiar și de la casa noastră, aflată aproape de granițele Căii Lactee, este o distanță de milioane de kilometri până la cea mai apropiată margine a galaxiei. Calea Lactee are o lungime de circa 100 000 de ani-lumină. Iar centrul ei compact măsoară aproximativ 15 000 de ani-lumină de sus până jos.

S-ar putea să te întrebi de ce ar numi cineva o galaxie după o ciocolată* dintr-un magazin de dulciuri, dar, de fapt, a fost invers – galaxia a fost numită „lactee”** cu mult înainte să existe sortimentul de ciocolată. Primii observatori au asemănat dunga albicioasă de pe cer cu laptele vărsat pe jos, chiar dacă alții îi dăduseră deja alte nume. Egiptenii i-au spus cândva Drumul Sufletelor. Iar unele triburi africane o știau după numele Coloana Nopții.

### HAI SĂ PRIVIM CERUL

**În cea mai senină dintre nopțile senine, dacă te afli departe de luminile orbitoare ale orașului, s-ar putea să vezi o dungă lată, cețoasă, ce se întinde de-a lungul cerului. Este o parte din Calea Lactee! Ceața aparentă e cauzată de lumina miliardelor de stele care formează galaxia și se întinde pe o distanță de mii de ani-lumină.**

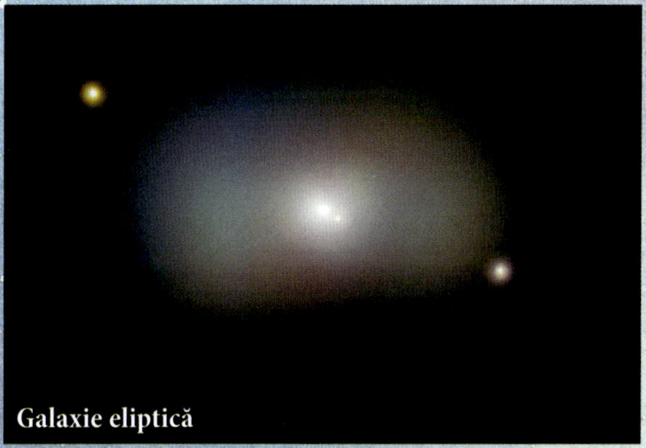
Galaxie eliptică

Galaxie neregulată

* *Milky Way* se traduce în limba română prin Calea Lactee, dar *Milky Way* este și numele unui baton de ciocolată. *(n.tr.)*

** *Milky* se traduce în română prin lăptos, cu lapte, de aici și termenul lactee (care are legătură cu laptele). *(n.tr.)*

# CE NU PUTEM VEDEA
## (dar credem că există acolo)

## MISTERELE COSMICE

Universul este plin de mistere, lucruri de care oamenii de știință sunt doar pe jumătate siguri, lucruri care dau naștere la certuri între savanți – și chiar lucruri pe care aceștia nu le înțeleg deloc. Unul dintre cele mai fascinante mistere este originea Universului. O explicație populară este **Teoria Big Bang**, ideea conform căreia tot ceea ce conține acesta provine dintr-o explozie mare care a avut loc acum 15 miliarde de ani. Un alt mister este gravitația.

### Gravitația

Toți știm ce face gravitația – este forța care trage un corp către altul. Fiecare corp are propria sa gravitație care atrage alte corpuri. Puterea acelei atracții depinde de dimensiunea corpului și de cât de aproape se află față de corpurile pe care le atrage. Nucleul dens din centrul Pământului trage lucrurile spre el, ceea ce ne oprește să ne desprindem de suprafața lui și să plutim în sus, spre spațiu. Planetele din Sistemul solar orbitează în jurul Soarelui datorită gravitației acestuia. Și gravitația combinată a numeroaselor stele care se atrag reciproc duce la formarea galaxiilor precum propria noastră Cale Lactee. Ceea ce *nu* știm exact este cum sau de ce funcționează gravitația. Este un mister lăsat pentru generațiile viitoare.

Un mod interesant de a ne gândi la gravitație este să ne imaginăm Universul ca pe o folie de cauciuc întinsă deasupra unei podele. Dacă ai pune o minge de golf deasupra, folia s-ar scufunda puțin în jurul mingii și totul din jur ar aluneca sau s-ar rostogoli spre ea. Un obiect mai greu, ca o minge de tenis, ar apăsa folia și mai mult în jos și ar atrage alte lucruri cu mai multă putere. Universul pare să funcționeze cam după același principiu – corpurile grele, dense, cum ar fi stelele și găurile negre, trag către ele alte corpuri cu multă putere. Chiar și corpurile mici

## STARURILE ASTRONOMIEI

Gravitația este forța datorită căreia, atunci când te împiedici de ceva, cazi pe podea în loc să zbori pe tavan. În secolul XVII, legenda spune că Sir Isaac Newton și-a dat seama care-i treaba cu gravitația

după ce a fost lovit în cap de un măr care căzuse din copac. Acestuia i-a venit ideea că obiectele (cum ar fi Pământul) trag în mod natural alte obiecte (cum ar fi mărul care l-a pocnit în cădere) către ele. Conceptul de gravitație este acceptat ca fiind una dintre cele mai importante legi ale științei.

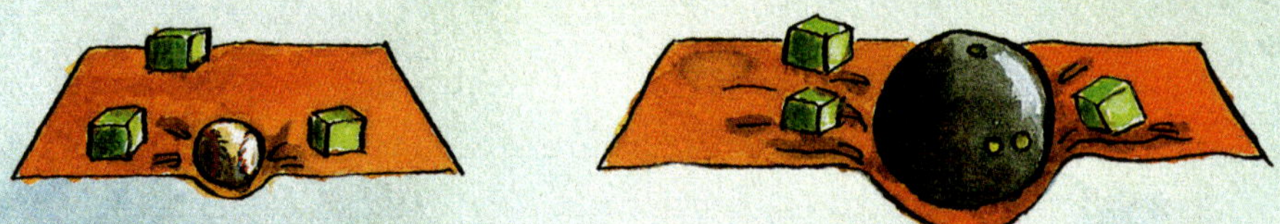


au puterea de a atrage altele. Mărul pe care Newton l-a văzut căzând spre Pământ atrăgea Pământul spre el puțin, foarte-foarte puțin.

## Materia întunecată

Astronomii sunt deștepți, dar, așa cum am învățat, ei nu înțeleg totul.

Dar chiar dacă nu înțeleg complet ceva, își pot folosi cunoștințele parțiale pentru a studia alte lucruri. De exemplu, astronomii care au observat galaxiile spiralate s-au întrebat de ce unele stele nu plutesc în derivă. Ei știu că în centrul galaxiei există un nucleu dens, dar acolo nu par să fie destule corpuri cerești pentru a crea o gravitație atât de puternică încât să țină toate acele stele laolaltă. Asta i-a făcut pe unii astronomi să se întrebe dacă acolo nu cumva există o materie întunecată, pe care nu o putem vedea și pe care nu o putem înțelege pe deplin, dar care poate ține totul închegat.

Ce este materia întunecată, cum a ajuns acolo și ce face ea? Încă nu putem răspunde la aceste întrebări. Dar cei mai mulți astronomi cred că ea se găsește acolo și că este o parte foarte importantă a Universului nostru.

## Găurile negre

Un alt mare mister pe care astronomii abia încep să-l deslușească sunt **găurile negre**.

Am învățat mai devreme despre modul în care stelele își consumă energia spre sfârșitul vieții lor. Dar nu toate stelele se estompează după ce se micșorează și devin pitice negre, sau după ce explodează și devin supernove. Anumite stele mari se micșorează din ce în ce mai mult și devin din ce în ce mai dense până când ajung la stadiul de abisuri puternice, mai mici decât vârful unui ac. Aceste obiecte – găurile negre – au gravitația atât de puternică încât absorb tot ce se află în jurul lor, nici măcar lumina nu poate scăpa de gravitația lor (de aceea le numim negre).

> **DICȚIONARUL SPAȚIULUI ÎNDEPĂRTAT**
>
> * * * * * * * * * * * * * * * * * * * * * * * * * *
>
> **Teoria Big Bang** – Idee a oamenilor de știință conform căreia Universul a apărut ca rezultat al unei mari explozii care a avut loc cu 15 miliarde de ani în urmă, și că acesta încă se extinde.
>
> **Gaură neagră** – Un punct micuț, dens, cu gravitație foarte puternică, care s-a format la moartea unei stele mari.
>
> **Stea neutronică** – O bilă neagră de materie care rămâne în urmă când o supernovă nu este destul de masivă pentru a se transforma într-o gaură neagră.

Mulți astronomi cred că în centrul unor galaxii – inclusiv în Calea Lactee – există aceste zone întunecate, dense, cu dimensiuni mari. Acolo, o gaură neagră absoarbe corpurile din apropiere și ține stelele care o înconjoară în orbita ei cu ajutorul forței de gravitație. Cu toate că oamenii de știință sunt de acord că găurile negre există, nimeni nu înțelege pe deplin cum funcționează sau ce se întâmplă cu stelele și cu alte corpuri care sunt absorbite în ele.

Și mai există o problemă destul de mare în legătură cu studiul găurilor negre. Deoarece gravitația lor este atât de puternică, trag *totul* – inclusiv lumina și alte forme de energie pe care astronomii le studiază în mod obișnuit pentru a afla mai multe despre corpurile cerești. Drept urmare, astronomii trebuie să examineze și alte corpuri din zona în care cred ei că s-ar putea afla o gaură neagră. Apoi, ei lucrează în sens invers, folosind ceea ce știu despre aceste corpuri pentru a-și da seama cum ar putea acea gaură neagră din apropiere să le afecteze.

## . . . și un Corp nou (Neu)

Stelele care explodează și nu sunt destul de dense pentru a deveni găuri negre se numesc **stele neutronice**. Acestea nu au forța unei găuri negre de a absorbi lucruri, dar, la fel ca o gaură neagră, nu au energie să emane lumină. În schimb, stelele neutronice transmit energia în moduri pe care le putem detecta doar cu niște instrumente simple. Aceste stele sunt micuțe: cam cât un oraș de pe Pământ.

# EXPLORÂND CE EXISTĂ ACOLO SUS

Am învățat deja despre câțiva dintre oamenii inteligenți – cum ar fi Copernic, Sir Isaac Newton și Edmond Halley – care și-au petrecut timpul scrutând cerul, gândindu-se și descoperind multe dintre lucrurile pe care astăzi le considerăm adevărate. Alături de ei, mulți astronomi și câțiva foarte curajoși călători în spațiu, numiți astronauți, au explorat Universul. În această parte, vei învăța despre instrumentele pe care ei le-au creat pentru a-i ajuta în explorări. Vei afla și cum poți să devii chiar tu astronom cu ajutorul ochilor tăi, a câtorva instrumente simple și a Hărții Cerului. Vei învăța să găsești și să recunoști stele, constelații, planete și alte obiecte de pe cerul nopții – chiar din locul în care trăiești.

# CE FAC ASTRONAUȚII ȘI ASTRONOMII

Există o grămadă de lucruri grozave pe care le poți vedea pe cerul nopții doar cu ochiul liber, dacă știi cum să le identifici. Poți vedea Luna, stele, planete, meteori și, uneori, chiar comete.

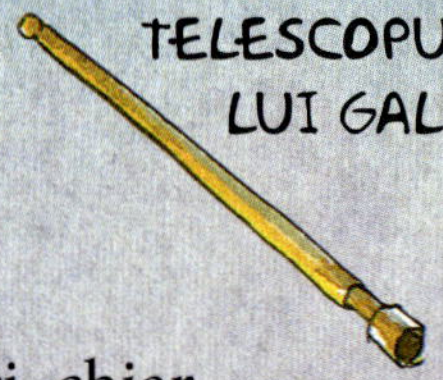


## Instrumente pentru împătimiții de stele

Atunci când vrei să ai o priveliște atotcuprinzătoare, ar trebui să ai mai multe instrumente. Galileo a perfecționat **telescopul** timpuriu și, de atunci, alți astronomi i-au adus mai multe îmbunătățiri. Primul telescop al lui Galileo a făcut lucrurile să pară mai aproape cu ajutorul lentilelor, ca cele pe care le poți găsi și într-o lupă. Putea fi ținut cu o singură mână și făcea obiectele să pară de opt ori mai aproape decât erau de fapt. În zilele noastre, telescoapele pe care le poți cumpăra și folosi acasă măresc obiectele de sute de ori. Există telescoape speciale, folosite mai ales de oamenii de știință, care sunt atât de mari încât trebuie construite clădiri speciale pentru a le adăposti.

Mulți oameni dețin un instrument portabil de mărire a imaginii – **binoclul**. Părinții tăi poate au un binoclu pe care îl iau la un meci de fotbal sau la o seară la operă. Binoclul este și un instrument magnific prin care poți privi stelele. Binoclul este format din două telescoape puse unul lângă celălalt, câte unul pentru fiecare ochi, fiind perfect pentru observat roiuri de stele, cum ar fi Pleiadele (despre care vei învăța la pagina 74).

Clădirile care găzduiesc cele mai mari telescoape se numesc **observatoare astronomice**, deoarece acolo merg oamenii ca să *observe* cerul. Oamenii construiesc observatoare de secole întregi, de dinainte să avem telescoape. Primele au fost construite în Grecia și în Orientul Mijlociu, cu mii de ani în urmă. Observatoarele antice aveau deseori pereți sau turnuri înalte pe care oamenii puteau urca pentru a avea o priveliște neobturată asupra cerului. Pe atunci, mulți oameni credeau că stelele erau magice și puteau prezice viitorul, așa că preoții și alți lideri religioși foloseau aceste observatoare de modă veche la fel de mult precum astronomii timpurii.

Mai există un alt tip de telescop mare care nu este găzduit de un observator. Se află acolo, în spațiu!

# STARURILE ASTRONOMIEI

**Galileo Galilei a fost un astronom italian care a trăit între 1564 și 1642, cam în aceeași perioadă cu William Shakespeare, pe vremea când europenii abia începeau să exploreze America. Ideea că Pământul este rotund era încă destul de nouă pentru unii, iar mulți încă insistau că Pământul se afla în centrul Universului – dar Galileo știa mai bine și avea nevoie de instrumentele potrivite pentru a-și demonstra convingerile.**

**Galileo este cunoscut drept inventatorul telescopului, chiar dacă cel făcut de el nu a fost primul – ci doar cel mai bun construit vreodată. Folosindu-și telescoapele, Galileo a făcut observații despre care considera că demonstrează faptul că planetele orbitează în jurul Soarelui. Dar oamenii tot nu l-au crezut. A fost judecat de către conducătorii Bisericii Catolice și a fost forțat să spună că Pământul era, de fapt, centrul Universului – chiar dacă știa că este neadevărat.**

**Edwin Hubble a fost un astronom din secolul XX care ne-a ajutat să înțelegem cum funcționează Universul. Studiind distanțele dintre galaxii, Hubble a descoperit că galaxiile se mișcă mereu, îndepărtându-se una de cealaltă.**

**Importanta descoperire a lui Hubble a condus către ideea științifică cunoscută drept Teoria Big Bang, conform căreia Universul s-a născut acum 15 miliarde de ani, dintr-o explozie uriașă ce a propagat energie în toate direcțiile – care, într-un final, a dus la formarea stelelor, a planetelor și a orice altceva mai există în Univers.**

**Pentru a înțelege cum funcționează Teoria Big Bang, gândește-te la Univers ca la un balon umflat pe jumătate, cu puncte pe exterior – care simbolizează galaxiile. Pe măsură ce umfli balonul, punctele – sau galaxiile – se îndepărtează unele de celelalte. Cei care cred în Teoria Big Bang spun că așa funcționează Universul – se află în continuă expansiune, iar tot ce conține el se extinde încet, din ce în ce mai departe.**

Telescopul Spațial Hubble este un telescop remarcabil care a fost lansat pe orbita Pământului în 1990. De deasupra Pământului are o priveliște clară a Universului – mult mai clară decât telescoapele de pe Pământ, care trebuie să treacă cu privirea prin atmosferă înainte de a reuși să identifice ceva în spațiu. Numit după Edwin Hubble, Telescopul Spațial Hubble poate face lucrurile să pară de 6 000 de ori mai aproape decât sunt și a identificat o galaxie care se află la circa 32 de miliarde de ani-lumină depărtare. Este cel mai îndepărtat obiect măsurat vreodată. (Dacă un an-lumină este egal cu aproximativ 9,3 trilioane de kilometri, iar corpul se află la o distanță de 32 de miliarde de ani-lumină..., atunci este super-departe!) Apoi, Hubble trimite pe Pământ fotografii cu lucrurile pe care le vede. Acestea sunt cele mai bune fotografii ale unor locuri *foarte* îndepărtate pe care le-am avut vreodată.

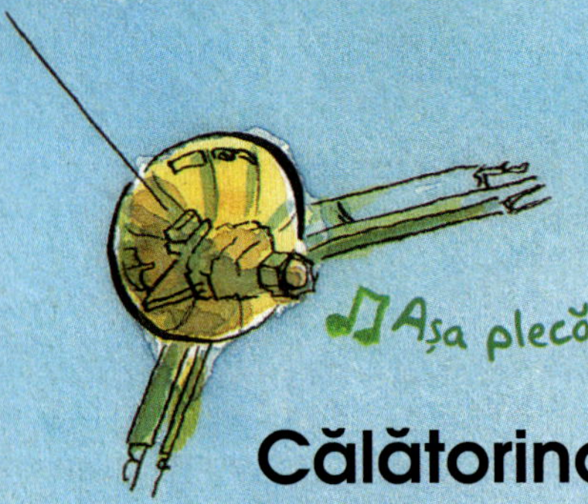

## Călătorind spre stele

Oamenii au visat să călătorească în spațiu de multe secole, dar ne-a luat destul de mult timp ca să ajungem acolo.

Gravitația este partea dificilă. Așa cum am învățat, forța de gravitație a Pământului trage lucrurile către sol, deci oamenii de știință au fost nevoiți să găsească o metodă de a anihila această forță, astfel încât să învingă atracția Pământului și să urce în spațiu. Aici intervine racheta. Rachetele părăsesc Pământul cu o asemenea forță încât înving atracția gravitațională. Pe măsură ce o rachetă își arde combustibilul, trimite gazul rezultat într-o direcție. Asta determină racheta să călătorească în direcția opusă – și încă foarte repede.

După multe experimente și mulți ani, rușii au fost primii care au folosit o rachetă pentru a trimite o navă în spațiu. Ei au lansat satelitul *Sputnik 1* pe 4 octombrie 1957 – acesta a orbitat în jurul Pământului puțin mai mult de o oră și jumătate. În același timp, el transmitea informații astronomilor de la sol folosind undele radio.

De atunci, astronomii au trimis mulți alți **sateliți** în spațiu. Aceste obiecte orbitează în jurul Pământului și trimit înapoi informații, la fel ca *Sputnik 1*. Unii sateliți realizează fotografii, alții transmit apeluri telefonice și programe TV peste tot pe glob, iar alții colectează **date** (un cuvânt științific pentru „informații") despre vreme. Unii sateliți militari sunt echipați chiar cu raze laser, programate să doboare proiectilele trase în timpul unui război.

Astronomii au mai trimis navete spațiale fără nume, cunoscute sub numele de **sonde**, în călătorii cu bilet doar dus, departe în Sistemul solar și dincolo de el. (Dacă un satelit doar se învârte în jurul unei planete sau al altui obiect, o sondă o șterge în spațiu, fără să se mai întoarcă.) Sondele sunt dotate cu o mulțime de aparate de filmat și fotografiat și alte tipuri de echipament folosite pentru a studia planetele și alte obiecte care le ies în cale. Sondele au moduri speciale de comunicare ce le permit să transmită date chiar și de la milioane de kilometri depărtare de Pământ.

Sondele *Mariner*, lansate în anii '60 și '70, au călătorit spre Mercur, Venus și Marte. Nu au aterizat pe aceste planete (deși, mai târziu, au existat sonde care au ajuns pe suprafața planetelor Marte și Venus), dar s-au apropiat destul de mult cât să ne învețe multe dintre lucrurile pe care le știm astăzi despre planetele care se află chiar lângă Soare.

SATELIT METEOROLOGIC

Sondele *Pioneer* au mers în direcția opusă, departe de Soare, și au făcut vizite dincolo de Jupiter și Saturn, înainte de a părăsi cu totul Sistemul solar. Sondele *Voyager* au colectat date de pe Neptun și Uranus înainte de a se îndrepta spre teritorii necunoscute din spațiul îndepărtat. Odată ce și-au dus la bun sfârșit misiunile, sondele *Pioneer* doar și-au continuat călătoria și acum se află mult prea departe pentru a mai putea comunica cu Pământul. Dar sondele *Voyager* încă trimit cele mai noi descoperiri pe care le fac oamenilor de știință de acasă. Lansate mai recent, sondele *Juno*, *Cassini* și *New Horizons* (Noi Orizonturi) au studiat și planete, și teritorii extreme aflate dincolo de Sistemul nostru solar.

VOYAGER

SATELIT DE TELEVIZIUNE

## STARURILE ASTRONOMIEI

**Robert Goddard, om de știință american care a lansat prima rachetă modernă în 1926. Racheta lui nu a ajuns în spațiu, dar a fost o realizare fantastică. În loc să folosească combustibil solid, racheta lui Goddard a folosit combustibil lichid care dădea mai multă putere și era mai ușor, deci nu îngreuna racheta. Acest nou tip de combustibil urma să fie folosit mai târziu pentru a lansa sateliți – și apoi oameni – în spațiu.**

## DICȚIONARUL SPAȚIULUI ÎNDEPĂRTAT

* * * * * * * * * * * * * * * * * * * * * * * * * * * *

**Telescop** – Instrument special (de obicei, în formă de tub) care folosește lentile și uneori oglinzi pentru a face obiectele îndepărtate să pară mai apropiate.

**Binoclu** – Dispozitiv portabil de mărire a imaginii, folosit pentru a vedea obiecte aflate mai departe; este format din două telescoape mici așezate unul lângă celălalt, câte unul pentru fiecare ochi.

**Observator astronomic** – Laborator aflat, de obicei, sus pe un munte, unde oamenii de știință folosesc telescoape și alte instrumente pentru a studia stelele. Observatoarele antice erau pur și simplu locuri de unde puteai privi cerul mai de aproape, sau care ofereau o priveliște mai bună către el.

**Rachetă** – O navetă spațială care folosește gazul eliberat prin arderea combustibilului pentru a atinge viteze incredibil de mari (destul cât să scape de gravitația Pământului).

**Satelit** – Navetă spațială lansată pe orbita Pământului sau a altui corp ceresc. (Teoretic, orice orbitează în jurul unei planete sau în jurul unei stele este considerat satelit, inclusiv o lună.)

**Date** – Informații științifice.

## Astronauţi blănoşi

Cu toate că oamenii au visat de foarte mult timp să ajungă la stele, nu noi am fost primele creaturi care au ajuns în spaţiu – maimuţele şi câinii au furat startul.

Ham, primul cimpanzeu care a orbitat în jurul Pământului

O căţeluşă din Rusia – Laika – şi un cimpanzeu – Ham – s-au numărat printre cele câteva animale care au fost trimise în anii '50 şi '60 să orbiteze în jurul Pământului. Astfel s-a demonstrat că formele de viaţă pot, într-adevăr, să supravieţuiască în spaţiu, iar ele au ajutat la pregătirea drumului pentru oamenii care le-au urmat.

La 21 aprilie 1961, la mai puţin de patru ani după lansarea lui *Sputnik 1*, ruşii au trimis în spaţiu un om pentru aproape două ore, după care l-au adus înapoi pe Pământ în siguranţă. Iuri Gagarin a fost primul **cosmonaut** – cuvânt în limba rusă pentru **astronaut** sau cineva care călătoreşte în spaţiu.

Pentru o perioadă, ruşii au fost înaintea americanilor în **Cursa Spaţială**, un concurs neoficial iniţiat pentru a stabili câştigătorul celor mai mari reuşite şi a celor mai importante descoperiri. Dar, la 20 iulie 1969,

ADEVĂRATUL SPUTNIK

SPUTNIK DE HALLOWEEN

Atlas-Centauri decolează purtând prima sondă spaţială *Mariner* spre spaţiu.

astronautul american Neil Armstrong a devenit primul om care a păşit pe Lună. Acesta era unul dintre scopurile programelor spaţiale din ambele ţări. De atunci, Statele Unite se află în frunte.

Vehiculele pe care le ştii cel mai bine sunt **Navetele spaţiale (Space Shuttle)**. Acestea sunt complet diferite de toate rachetele care au fost folosite înaintea lor. Primele modele puteau fi folosite doar o dată – decolau, îşi detaşau rezervoarele de combustibil şi alte părţi când nu mai erau necesare, apoi se întorceau pe Pământ sub forma unor capsule mici, dar destul de mari pentru a adăposti câţiva astronauţi.

Navetele spaţiale erau diferite. Acestea erau o combinaţie între un avion şi o rachetă. Lansate prima dată în 1981, ele au fost primele navete construite pentru a fi folosite în repetate rânduri. Cu ajutorul rachetelor de propulsie, navetele puteau decola vertical şi puteau călători prin spaţiu, apoi aterizau pe Pământ ca un avion. Dar, spre deosebire de un avion, motoarele lor puternice le ofereau destulă putere pentru a zbura prin atmosfera Pământului.

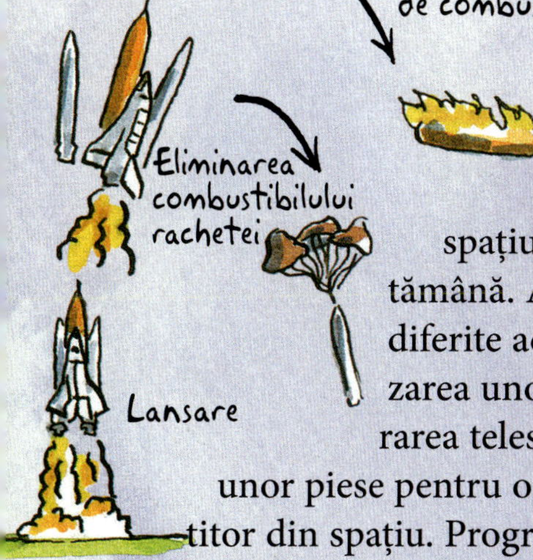


Navetele spațiale au fost construite să transporte 8–10 astronauți și să reziste în spațiu pentru mai mult de o săptămână. Acestea au fost folosite pentru diferite activități, inclusiv pentru realizarea unor experimente spațiale, repararea telescopului Hubble și transportul unor piese pentru o stație spațială – un oraș plutitor din spațiu. Programul pentru navete spațiale a funcționat timp de 30 de ani, până la ultimul zbor în 2011. Din păcate, nu a fost lipsit de evenimente tragice: două navete au avut probleme și au explodat, ucigând toți astronauții de la bord (vezi pagina 63).

Dar navetele spațiale au pregătit drumul pentru viitorul în spațiu. Astăzi, NASA dezvoltă noi sisteme pentru astronauții care se întorc în cosmos. Și companiile private, inclusiv SpaceX și Blue Origin, lucrează la construirea unor vehicule reutilizabile care, cândva, vor putea să ducă oameni în spațiu și să îi readucă, apoi, acasă.

## Un oraș în spațiu

Dacă viața pe Pământ te plictisește și crezi că ai prefera să îți petreci zilele altundeva în spațiu, s-ar putea să ai ceva noroc. Nu am găsit încă planete pe care oamenii pot locui, dar am construit în cer câteva orașe doar ale noastre. Poate vrei să iei în considerare o **stație spațială**.

Stațiile spațiale sunt ca niște mici orășele în spațiu. Orbitează în jurul Pământului și sunt construite pentru ca astronauții să locuiască acolo sus pentru perioade lungi de timp. Fosta Uniune Sovietică (Rusia de astăzi) a lansat prima stație spațială în 1971, iar cosmonauții au trăit acolo 22 de zile.

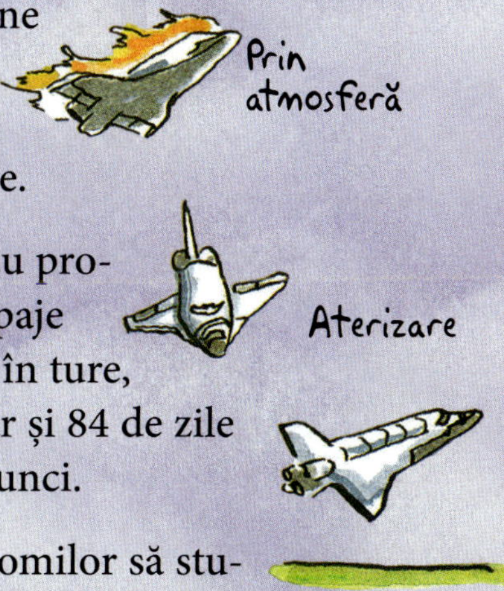


În mai 1973 au urmat americanii, cu propria lor stație spațială: *Skylab*. Echipaje de câte 3 persoane au ocupat stația în ture, iar unele au rămas la bordul ei chiar și 84 de zile – un record pentru vremurile de atunci.

Stațiile spațiale le-au permis astronomilor să studieze Soarele, Pământul, planetele și multe alte corpuri cerești. În zilele noastre, oameni de știință din 18 țări vizitează Stația Spațială Internațională, un avanpost care plutește mult deasupra Pământului, pentru a studia misterele Universului și a realiza diferite experimente care nu sunt posibile pe planeta noastră din cauza gravitației.

Cursa Spațială nu mai este atât de disputată cum era odată, astronomii avansează în fiecare zi în procesul de explorare a spațiului.

### DICȚIONARUL SPAȚIULUI ÎNDEPĂRTAT

**Astronaut** – O persoană care călătorește în spațiu. Rușii își numesc călătorii spațiali **cosmonauți**.

**Cursă Spațială** – Un concurs neoficial care a luat naștere între Statele Unite și Uniunea Sovietică la mijlocul secolului trecut cu scopul de a vedea cine va fi primul care va trimite o rachetă pe orbita Pământului, un om în spațiu, un om pe Lună și va atinge mărețe ținte spațiale.

**Navetă spațială** – Mijloc de transport american care decolează precum o rachetă, aterizează ca un avion și poate fi folosit de mai multe ori.

În 2003, chinezii și-au lansat primii astronauți pe orbită, într-un satelit similar navelor spațiale pe care sovieticii le foloseau pentru a-și trimite cosmonauții în spațiu cu mai mult de 40 de ani înainte.

Astronomii au multe idei pentru viitor. Ani întregi au discutat despre cum să-i ajute pe oameni să aterizeze pe Marte (vezi pagina 35) și chiar cum să construiască un avanpost uman acolo. Au fost discuții și despre stabilirea permanentă pe Lună. (Asta este altă opțiune pentru cei care cred că Pământul este peste măsură de plictisitor.) Astronomii au și alte planuri mărețe. Așa cum am văzut, sondele trimise de pe Pământ continuă să descopere locuri din interiorul Sistemului solar, dar și din exteriorul lui. Modulul *Huygens*, lansat din sonda *Cassini*, a aterizat în 2005 chiar pe Titan, satelitul lui Saturn, și a transmis informații despre ceea ce a observat. A fost cea mai îndepărtată aterizare făcută vreodată.

Am învățat mai devreme că în spațiu există trilioane și trilioane de stele – și s-ar putea să fie tot atâtea posibilități de a le explora.

## Suntem singuri în Univers?

Probabil ai citit cărți cu povești nebunești despre omuleți verzi care vin de pe Marte, sau ai văzut filme cu personaje puțin ciudate de pe planete îndepărtate care veneau în vizită pe Pământ.

Dar viața extraterestră – sau viața de dincolo de planeta Pământ – nu este un subiect doar pentru scenariștii de la Hollywood sau pentru scriitorii de SF (*science-fiction*, adică științifico-fantastic). Oameni de știință și astronomi foarte deștepți s-au întrebat ce alte forme de viață ar putea exista în străfundurile spațiului.

Când sondele *Voyager* au fost lansate în 1977, au fost trimise și salutări de pe Pământ, doar pentru eventualitatea în care s-ar fi întâlnit cu extratereștrii în călătoriile lor lungi, singuratice prin Univers. Discuri placate cu aur – echipate complet cu mașinării care puteau reda și imagini și sunete – aveau imprimate salutări în 45 de limbi, fotografii cu viața de pe Pământ și informații despre locul de unde proveneau sondele spațiale. Cele mai sclipitoare minți ale lumii s-au întâlnit să creeze aceste frânturi despre viața pe Pământ.

Cu toate că nimeni nu are dovezi că există viață în alte părți din Univers, mulți oameni de știință cred că sunt șanse mari să fie. Știm că sunt miliarde și miliarde de stele și că Soarele nostru este o stea destul de tipică. Mai știm că există planete care orbitează în jurul altor stele – de fapt, se crede că planetele sunt destul de comune. Cu toate aceste stele și planete, este pur și simplu logic să existe o formă de viață undeva, pe o altă planetă din spațiu. (Cum a spus cândva un om de știință: „Dacă nu există viață extraterestră, atunci este o risipă îngrozitoare de spațiu!") Acea formă de viață poate fi o plantă, o specie de animal sau – mai plauzibil – ceva diferit de tot ce știm până acum.

Să găsim acea formă de viață este cu totul alt subiect. Stelele se află atât de departe una de cealaltă încât ne-ar trebui 100 000 de ani doar ca să ajungem la steaua cea mai apropiată de noi – Alfa Centauri; și ne-ar lua atât dacă am călători în cea mai rapidă navetă construită vreodată. S-ar putea ca în viitor să construim navete și mai rapide, dar oamenii de știință nu cred că vor exista vreodată nave care să atingă viteza luminii. Deci ar dura imposibil de mult să facem o excursie la vecinii care orbitează în jurul celei mai apropiate stele după Soare.

Cea mai bună șansă pe care o avem pentru a găsi altă formă de viață este să o auzim. Pentru că undele radio pot călători atât de repede și atât de departe, oamenii de știință cred că formele inteligente de viață de pe alte planete s-ar putea să folosească această metodă de comunicare. Încă din anii '60, astronomii au îndreptat gigantice telescoape radio către stele îndepărtate, sperând să capteze un mesaj de la extratereștri. Ei au început să caute și alte semnale, cum ar fi luminile laser. Până acum, nimic. Dar dacă vom găsi viață în Univers, mulți oameni au căzut de acord că va fi cea mai mare descoperire din istoria omenirii. Așa că vom continua să stăm la pândă...

## Provocarea spațiului

Călătoriile spațiale par ușoare datorită filmelor precum *Războiul Stelelor*. Doar te urci în mașina ta spațială, turezi motoarele și îți iei zborul. Dar cu toții știm că este o sarcină incredibil de dificilă să trimiți nave și mai ales oameni dincolo de orbita Pământului. Și mai este și periculos.

Programele spațiale rusești și americane s-au confruntat fiecare cu accidente în care astronauții și-au pierdut viața, inclusiv cei șapte astronauți prinși în explozia declanșată la decolarea navetei *Challenger*, la 28 ianuarie 1986. Alți șapte astronauți au murit la 1 ianuarie 2003, când naveta *Columbia* s-a defectat din cauza unor probleme la scutul termic, probleme apărute la intrarea în atmosfera Pământului. Au existat și alți astronauți care au suferit răni sau au murit. Cercetătorii învață din greșelile lor și folosesc aceste cunoștințe pentru a crește nivelul de siguranță al călătoriilor spațiale. Totuși, aventurile în spațiu rămân pe cât de entuziasmante, pe atât de periculoase.

**DICȚIONARUL SPAȚIULUI ÎNDEPĂRTAT**

**Stație spațială** – Un satelit artificial care orbitează și este casa astronauților și a oamenilor de știință ce muncesc și trăiesc în spațiu, ca un mic oraș ridicat de oameni în spațiu.

**Naveta *Atlantis* se decuplează de la Spația Stațială *Mir*.**

# CE POŢI OBSERVA TU

Nu trebuie să ai propriul observator astronomic sau propria navetă spațială ca să devii astronom. Dacă știi ce cauți și când să cauți, în fața ta se întinde o lume întreagă de lucruri fascinante pe care le poți studia chiar din locul în care trăiești, din parcul aflat în apropiere sau din orice alt spațiu deschis. Folosindu-ți noile cunoștințe și propriii ochi, poți descoperi o grămadă de lucruri cool. Iar Harta Cerului te poate ajuta să găsești unele dintre cele mai interesante obiecte de pe cerul nopții – **constelațiile**.

Când primii observatori au fixat cu privirea cerul nopții, au văzut forme printre miile de stele care împânzeau cerul. Imaginându-și linii între punctele de lumină, aceștia au grupat stelele împreună în imagini numite constelații.

Astăzi, sunt 88 de constelații acceptate și ele includ imagini diferite: de la un luptător, la un dragon și până la un râu. Unele dintre cele mai cunoscute constelații sunt cele 12 care formează **zodiacul**. Aceste constelații sunt aliniate într-o bandă lungă și, din perspectiva noastră, par să se miște continuu pe cer, așa că toate trec deasupra noastră pe parcursul unui an. Dar vom învăța mai multe despre zodiac mai târziu.

## Poluarea luminoasă

În orașele mari, este puțin cam dificil să vezi stelele din cauza aerului murdar și a reflexiei luminilor puternice. Dar chiar și în locurile întunecate, reflexia de la o lanternă sau altă sursă de lumină îți poate forța ochii să se obișnuiască cu mediul, ceea ce face ca stelele să pară palide când privești cerul. (Cam ca atunci când intri într-o cameră întunecată după ce ai stat în lumina puternică a soarelui – durează puțin până când ți se obișnuiesc ochii cu întunericul.)

## DICȚIONARUL SPAȚIULUI ÎNDEPĂRTAT

**Constelație** – Grup de stele care a fost asociat (și numit după) cu un obiect, un animal sau un personaj, cum ar fi Ursa Mare sau Leul. Constelațiile și poveștile din spatele lor fac stelele mai ușor de găsit și mai distractiv de ținut minte.

**Zodiac** – Colecție de 12 constelații, care începe cu Berbecul și se termină cu Peștii, prin care Soarele pare să călătorească de-a lungul unui an.

Încearcă să iei cu tine această carte sau o **Hartă a Cerului** atunci când te uiți la stele, încearcă să pictezi sticla unei lanterne cu ojă roz sau roșie înainte să o folosești. Astfel, lumina nu va mai părea atât de puternică și ochii tăi nu vor fi forțați să se obișnuiască cu ea – iar strălucirea roșiatică va fi destul de luminoasă ca tu să poți citi.

Găsești o *Hartă a Cerului* pe site-urile web ale diferitelor observatoare astronomice (https://www.astro-urseanu.ro/, https://planetariubm.ro/).

## Hai să privim cerul folosind o Hartă a Cerului

Pentru că Pământul se rotește pe loc și se învârte în jurul Soarelui, cerul de deasupra noastră este în continuă mișcare. Stabilind data și ora exactă, o Hartă a Cerului îți poate oferi poziția stelelor în orice moment.

Primul lucru pe care trebuie să îl faci este să îți verifici ceasul, apoi să găsești ora la care sunt afișate stelele pe această hartă astronomică.

Acum, încearcă să te poziționezi astfel încât aștrii de pe Harta Cerului să se potrivească cu cerul de deasupra ta! Folosește o busolă sau roagă un adult să îți arate în ce direcție este nordul, pentru a-ți fi mai ușor. Acum ridică-ți privirea!

# Constelațiile

## CARUL MARE și URSA MARE

Grupul de stele preferat de toți – probabil și pentru că e cel mai ușor de cunoscut – este Carul Mare. În multe locuri poate fi văzut tot anul. Americanii îl descriu de obicei ca fiind ca o lingură mare, dar alți observatori ai acestei colecții luminoase de stele au văzut un car, un vagon sau chiar un animal.

Am aflat mai devreme că există 88 de constelații oficiale, dar – surpriză – Carul Mare nu este una dintre ele. De fapt, Carul Mare este parte dintr-o constelație mai mare, Ursa Mare sau *Ursa Major* în latină. Ursa Mare este poziționată cel mai sus pe cer în timpul verii și cel mai jos, iarna. Conform legendei amerindiene, asta se întâmplă pentru că ursul caută un loc să hiberneze în timpul lunilor reci de iarnă.

## CARUL MIC *(sau Ursa Mică)*

Chiar deasupra oiștei Carului Mare poți găsi Carul Mic. Constelația este mai mică decât Ursa Mare (te așteptai la asta, nu-i așa?) și mai este cunoscută drept *Ursa Minor* sau Ursa Mică.
Cea mai strălucitoare dintre stelele Ursei Mici este Steaua Polară.

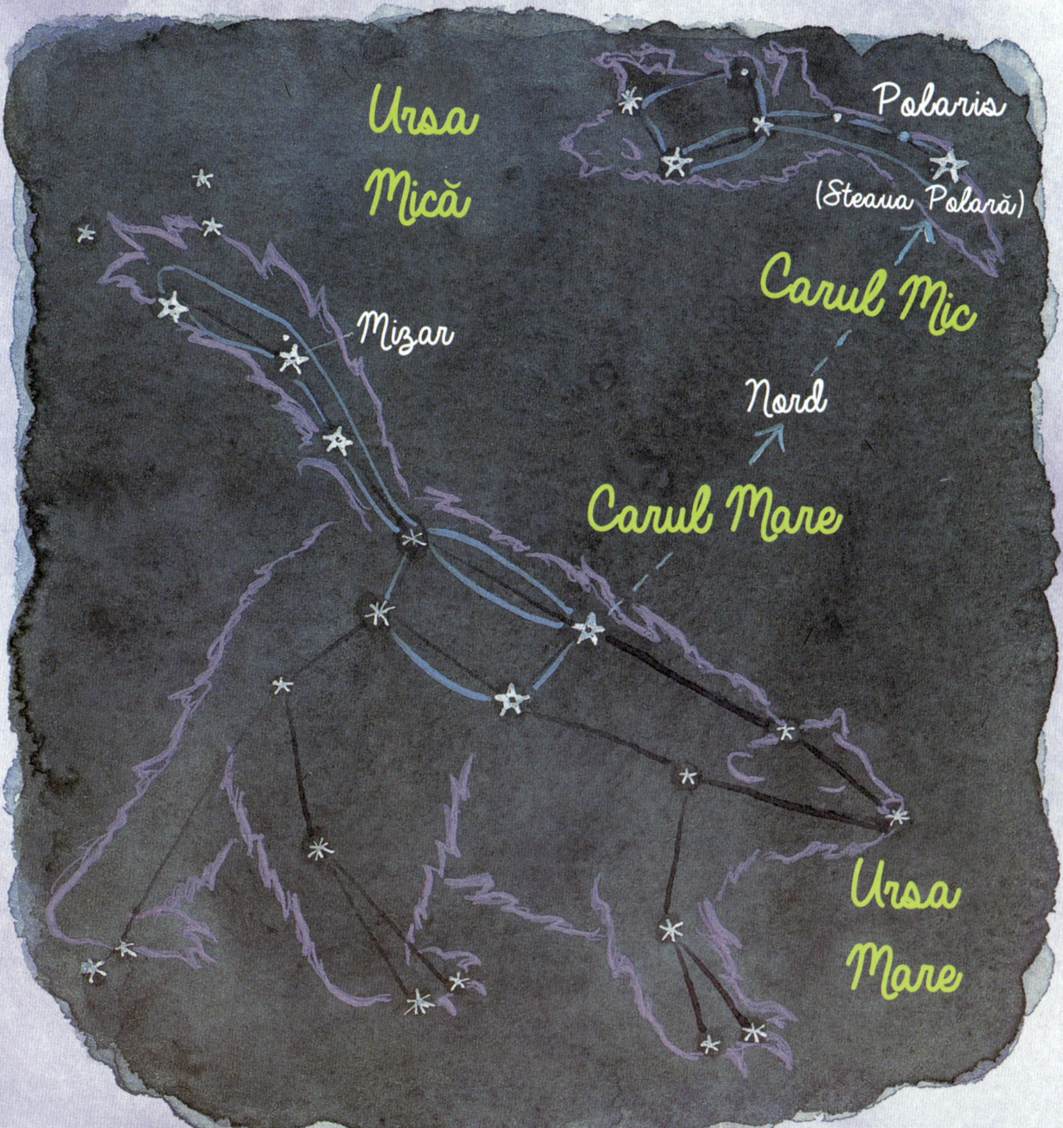

## HAI SĂ GĂSIM STELELE

Cum am spus mai devreme, Carul Mare este destul de ușor de găsit pentru că e atât de mare și de luminos. El poate fi observat tot anul, dar este vizibil în special între ianuarie și octombrie. Dacă privești Harta Cerului pentru o anumită lună din an și oră, îți va arăta locul în care să te uiți. Carul Mare se găsește de obicei în partea nordică a cerului.

Dacă găsești Carul Mare îl poți folosi pentru a găsi Carul Mic. Dacă tragi o linie imaginară direct în sus, prin cele două stele care alcătuiesc capătul din dreapta al Carului Mare, în curând vei întâlni Steaua Polară cea strălucitoare. Aceasta este vârful cozii Ursulețului sau vârful oiștii Carului Mic.

Polaris, sau Steaua Polară, mai este cunoscută și ca Steaua Nordului. De fiecare dată când stai cu fața spre ea, poți fi sigur că ești îndreptat spre nord. De-a lungul istoriei, mulți oameni și-au găsit calea urmărind Steaua Polară. Și tu poți face asta – dacă o găsești, poți spune în ce direcție mergi fără să folosești o busolă. (Când ești cu fața spre Nord, în stânga ta este Vestul, în dreapta este Estul, iar în spatele tău ai Sudul. – *n.red.*)

## Cartografierea stelelor

Dacă îți ridici mâna spre cer și o pui în dreptul părții cu roți a Carului Mare, vei vedea că pumnul tău încape înăuntrul lui. Astronomii care scrutează cerul de pe Pământ măsoară acea distanță și consideră că are cam 10 **grade**.

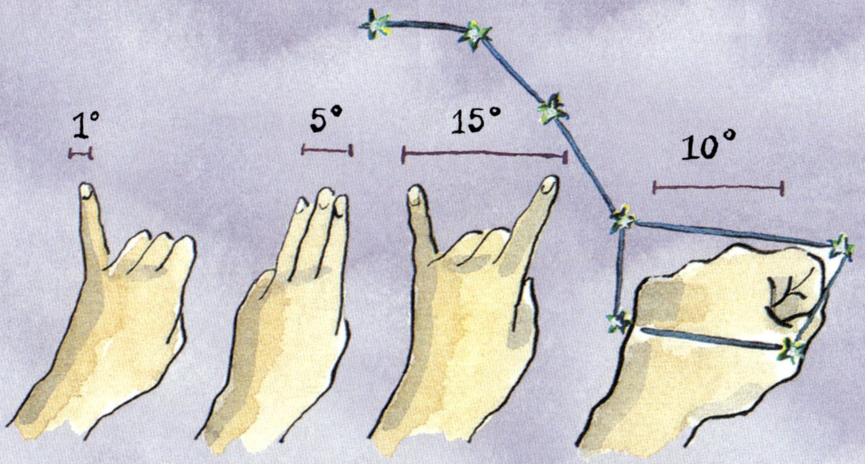


Dar acestea nu sunt ca gradele de pe termometru, care măsoară cât este de rece sau de cald un obiect. De fapt, încearcă să îți imaginezi cerul ca pe o țesătură mare, neagră, întinsă deasupra noastră, iar stelele ca fiind niște puncte pe ea. Distanța de-a lungul cerului este măsurată în grade – 1 grad este cam cât lățimea degetului tău mic ridicat în aer, spre cer. Trei degete sunt aproape 5 grade, iar distanța dintre degetul tău mic și arătător, întinse drept ca niște coarne, este de circa 15 grade. Mâinile oamenilor sunt de mărimi diferite, deci distanța dintre degetul mic și degetul mare întinse ale unei mâini mici va fi mai mică de 15 grade, dar la o mână mare, distanța va fi puțin mai mare de 15 grade. Asigură-te că îți ții brațul întins și măsurătorile vor fi mai exacte. Încearcă să măsori distanța dintre Carul Mare și Steaua Polară – are circa 28 de grade.

**DICȚIONARUL SPAȚIULUI ÎNDEPĂRTAT**

**Grad** – Unitate pe care o folosesc astronomii ca să măsoare distanța dintre stele așa cum le vedem de pe Pământ.

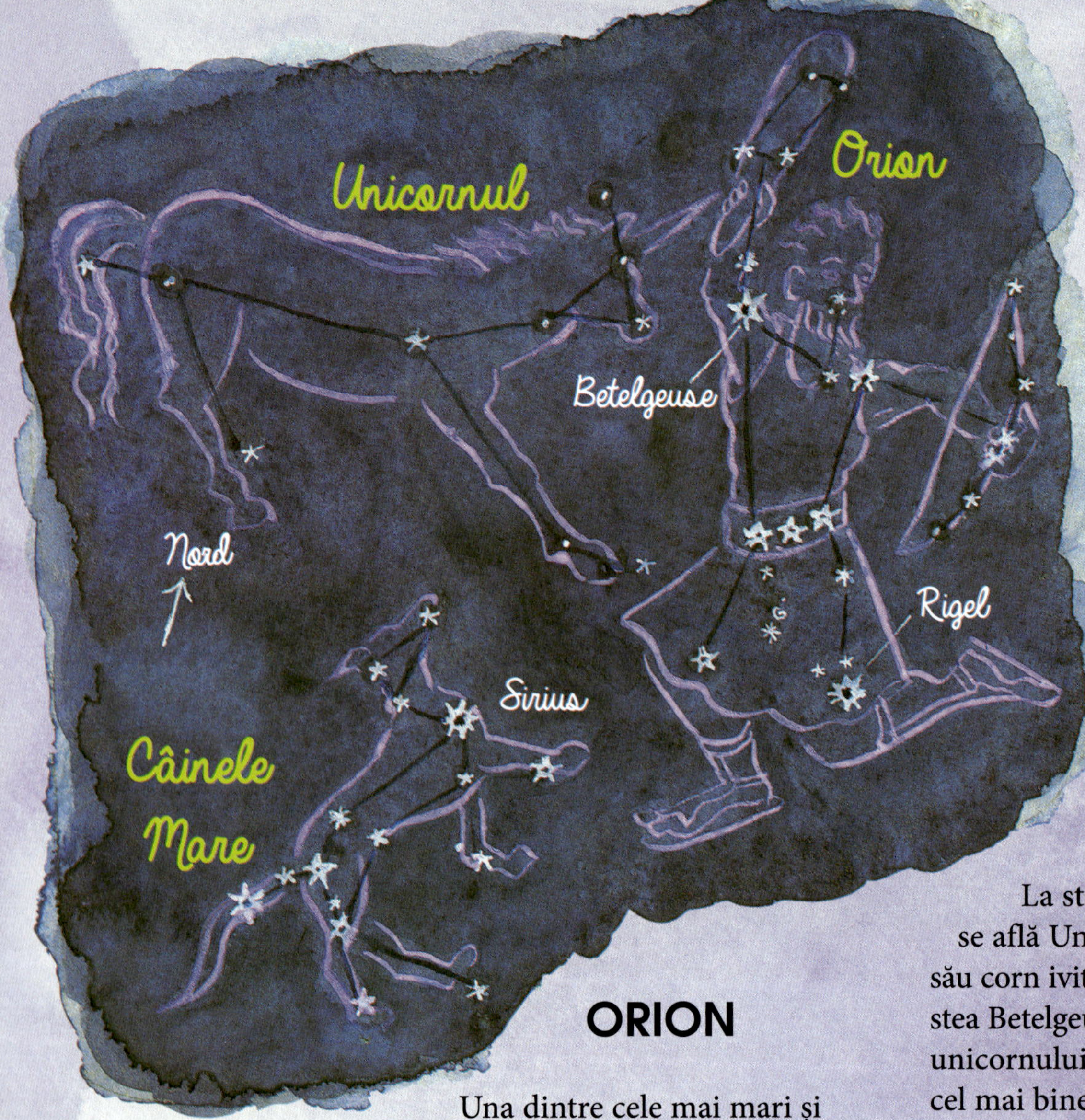


## CÂINELE MARE

Câinele Mare sau *Canis Major* arată ca şi cum latră la Orion, şi pare a fi corect – astronomii timpurii şi-au imaginat că este companionul lui Orion. La gâtul Câinelui Mare se află steaua Sirius, denumirea latină pentru „Steaua Câine". Sirius este o stea binară (sau dublă) şi este cea mai strălucitoare stea de pe cerul nopţii. (Dacă vezi ceva mai strălucitor, probabil este o planetă.)

## UNICORNUL

La stânga lui Orion, deasupra Câinelui Mare, se află Unicornul, legendarul cal alb cu orbitorul său corn ivit din frunte. Dacă poţi localiza luminoasa stea Betelgeuse pe umărul lui Orion, poţi găsi cornul unicornului fix lângă. Iar Unicornul se poate vedea cel mai bine în ianuarie.

## ORION

Una dintre cele mai mari şi mai strălucitoare constelaţii de pe cerul nopţii este Orion. El este un soldat care stă semeţ şi poartă o centură formată din trei stele luminoase. Pe lângă centura lui care este uşor de găsit, steaua super-gigantică Betelgeuse poate fi găsită pe umărul lui drept. (Betelgeuse este denumirea arabă pentru „umărul uriaşului"). Altă stea luminoasă, Rigel, este genunchiul lui stâng. Orion îşi poartă armele în luptă. Legenda grecilor spune că acesta este un rătăcitor singuratic, aflat în căutarea iubirii.

## Poveşti cu stele

Multe dintre poveştile pe care le spunem despre constelaţii provin din **miturile** grecilor şi romanilor antici, şi ale altor culturi. Nu ei au fost primii observatori ai stelelor, dar poveştile lor despre zei şi eroi sunt unele dintre cele mai faimoase. Legendele au fost povestite şi repovestite de-a lungul secolelor, iar unele dintre ele te ţin cu sufletul la gură. Uneori, este mai uşor să găseşti constelaţiile dacă îţi aminteşti poveştile.

## Măsurând stelele

Orion și Câinele Mare au unele dintre cele mai strălucitoare stele de pe cer. Fiecare stea este diferită când vorbim de luminozitate, iar unul dintre modurile prin care astronomii măsoară această diferență este **magnitudinea**. Magnitudinea unei stele înseamnă cât de tare strălucește ea pe cer. Scara magnitudinii variază între 6,0 (cea mai palidă stea) și 0,0 (cea mai strălucitoare stea).
Totuși, unele corpuri cerești sunt chiar mai strălucitoare – cum ar fi Soarele și Luna. Acestea trec de 0, în scara negativă. Magnitudinea Lunii este –12,6, iar Soarele are –26,8.

Dar pentru că o stea are o magnitudine mai mare decât alta nu înseamnă că dă mai multă lumină. Stelele care se află mai aproape de noi par să fie mai luminoase decât cele care se află mai departe.

Așa că, astronomii au împărțit „magnitudinea" în două categorii. Magnitudinea aparentă măsoară cât de luminoasă pare o stea atunci când este văzută de pe Pământ. Magnitudinea absolută măsoară câtă lumină dă, de fapt, o stea. (Măsurătorile de mai sus pentru Soare și Lună sunt magnitudinile lor aparente.)

### HAI SĂ GĂSIM STELELE

**Cel mai bun moment pentru a găsi constelațiile Orion, Câinele Mare și Unicornul este în timpul lunilor de iarnă, mai ales în ianuarie. Dacă le cauți pe Harta Cerului, vei vedea că cel mai des se află în partea sudică a cerului, nu mult deasupra orizontului. Câinele Mare se află cel mai jos pe cer și pare că privește în sus spre stăpânul lui, Orion. Unicornul se află chiar deasupra Câinelui Mare și este îndreptat și el spre Orion, fiind în stânga lui.**

### DICȚIONARUL SPAȚIULUI ÎNDEPĂRTAT

**Mit** – Legendă sau poveste dintr-o cultură antică, în care personajele sunt adesea zei care interacționează cu muritorii. Unele dintre aceste mituri sunt folosite pentru a descrie imaginile pe care le vedem atunci când observăm constelațiile.

**Magnitudine** – Unitate de măsură a luminozității unei stele, variind între 6,0 (cea mai slab strălucitoare) și 0,0 (cea mai puternic strălucitoare). Magnitudinea aparentă măsoară cât de luminoasă pare o stea văzută de pe Pământ. Magnitudinea absolută măsoară câtă lumină dă, într-adevăr, o stea.

### TOP 10 CELE MAI STRĂLUCITOARE STELE DE PE CERUL NOPȚII

| STEA | MAGNITUDINE APARENTĂ | MAGNITUDINE ABSOLUTĂ | DISTANȚĂ FAȚĂ DE PĂMÂNT (în ani-lumină) |
|---|---|---|---|
| Sirius | –1,46 | 1,4 | 8,5 |
| Canopus | –0,72 | –2,5 | 316 |
| Alfa Centauri | –0,29 | 4,1 | 4,28 |
| Arcturus | –0,04 | 0,2 | 36 |
| Vega | 0,04 | 0,6 | 25 |
| Capella | 0,08 | 0,4 | 42 |
| Rigel | 0,11 | -8,1 | 775 |
| Procyon | 0,37 | 2,6 | 11,4 |
| Achernar | 0,46 | –1,3 | 144 |
| Betelgeuse | 0,5 | –7,2 | 430 |

## PEGAS

Am învățat deja că ne putem uita la stele în multe moduri – dacă unii oameni au văzut o lingură mare acolo unde știm că este Carul Mare, alții au văzut un car la care este înhămat un cal. Chiar și atunci când oamenii cad de acord asupra obiectului cu care se aseamănă o constelație, tot îl percep în mod diferit.

Calul înaripat Pegas este un bun exemplu. Majoritatea iubitorilor de stele sunt de acord că trei dintre cele patru stele care formează Marele Pătrat reprezintă aripa lui Pegas. Unii oameni își imaginează conturul complet al animalului pe cer, în timp ce alții văd doar jumătate de cal. Cine poate spune care dintre ei are dreptate? Sunt miliarde de perechi de ochi pe Pământ, și chiar și mai multe stele pe cer. Și la fel de multe moduri în care le putem vedea.

Conform mitologiei grecești, stăpânul lui Pegas, un bărbat numit Belerofon, a încercat să zboare spre cer călare – dar zeii nu i-au permis unui om să intre în Paradis, așa că Belerofon a căzut de pe cal. Acesta este motivul pentru care vedem conturul calului înaripat zburând singur pe cer.

## ANDROMEDA

În conturul pe care îl folosesc mulți astronomi, trei stele din Marele Pătrat constituie aripa lui Pegas. A patra stea este legată de altă constelație – Andromeda. Acea a patra stea din Marele Pătrat, Alpheratz, reprezintă capul figurii, iar restul constelației întinse pe cer este înfățișat ca o femeie. Într-o noapte deosebit de senină s-ar putea să vezi un punct cețos în dreapta ei – aceea este Galaxia Andromeda. Dintre toate corpurile cerești pe care le putem observa cu ochiul liber, această galaxie este cel mai îndepărtat punct de Pământ – se află la circa 2,7 milioane de ani-lumină distanță.

Mitul grecilor spune că mama Andromedei lăuda frumusețea fiicei ei atât de mult încât a supărat câteva zeițe ale mării. Poseidon, zeul mării, a trimis un monstru să distrugă ținutul în care trăia Andromeda, iar părinții Andromedei și-au oferit frumoasa fiică drept sacrificiu. Chiar înainte ca monstrul să o devoreze, un erou numit Perseu a auzit plânsetele Andromedei și a salvat-o. Cei doi au scăpat de monstru zburând pe Pegas.

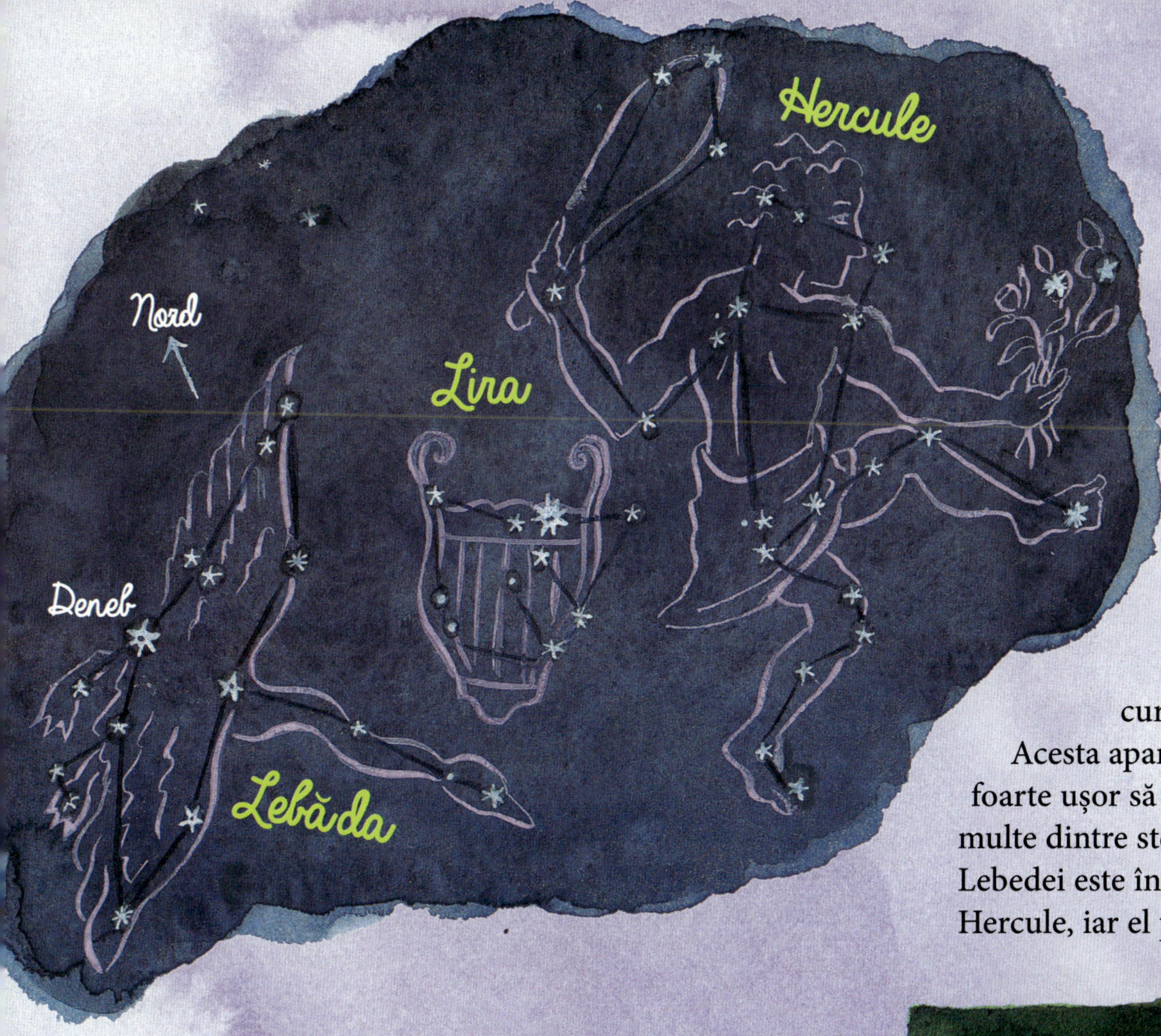


murise prietenul, încât zeilor li s-a făcut milă de el și l-au transformat într-o frumoasă pasăre albă ce zboară etern pe cerul nopții.

## HERCULE

Hercule este una dintre constelațiile mai mari, ceea ce are sens având în vedere că poartă numele unuia dintre cei mai puternici și mai curajoși eroi din legendele grecilor. Acesta apare des în poveștile lor. Dar nu este foarte ușor să îl vezi pe Hercule pe cer, întrucât multe dintre stelele sale strălucesc slab. Capul Lebedei este îndreptat spre piciorul drept al lui Hercule, iar el pare să ridice o bâtă mare spre cer.

## LEBĂDA

Cygnus este alt nume pentru constelația Lebăda (uneori numită și Crucea Nordului). Acest grup mare și strălucitor de stele (care nu este o constelație oficială) conține două rânduri de stele care se intersectează în forma unui „T" mare. Chiar deasupra gâtului lebedei se află Vega, una dintre primele 5 cele mai strălucitoare stele de pe cer.

Romanii credeau că zeul Zeus s-a preschimbat într-o lebădă pentru a cuceri o frumoasă femeie, Leda. Grecii, pe de altă parte, credeau că Lebăda fusese cândva un bărbat care suferise atât de tare când îi

## HAI SĂ GĂSIM STELELE

**Cel mai bun moment să te uiți după Pegas, Andromeda, Lebăda și Hercule este la sfârșitul verii și toamna. Caută Marele Pătrat pe Harta Cerului, apoi încearcă să îl găsești pe cer. Este aripa lui Pegas, calul zburător care pare că galopează spre Steaua Polară. Steaua poziționată cel mai sus în Marele Pătrat marchează capul Andromedei. Pare să fie întinsă pe cer, cu picioarele orientate spre orizontul nordic. Lebăda se află în partea vestică a lui Pegas și pare să se îndepărteze de Andromeda în zbor. Ciocul ei este îndreptat spre piciorul drept al lui Hercule, care este pe punctul de a-și lovi bâta de Pământ.**

# ZOO ZODIAC

Dintre cele 88 de constelații de pe cer, 12 sunt mai speciale – constelațiile zodiacului despre care am aflat mai devreme. Nu toate sunt ușor de găsit, dar este important să le cunoaștem, pentru că marchează locurile de pe cer pe care ar trebui să le urmărim când căutăm celelalte planete din Sistemul solar.

Primii astronomi au observat că, pe măsură ce Soarele și planetele vizibile se mișcau pe cer, păreau să călătorească pe o cale prestabilită, trecând printr-o centură subțire de stele, fără să se aventureze vreodată în afara ei. (Bineînțeles, nu poți vedea constelațiile care se află după Soare, pentru că el este mai strălucitor decât toate celelalte stele. Dar, dacă ai putea, ai vedea că și Soarele urmează această cale.) Ea este cunoscută drept **ecliptică**.

Constelațiile din această centură au devenit cunoscute drept constelațiile zodiacului. Acestea se încolăcesc în jurul Pământului ca o curea gigantică. În orice noapte, s-ar putea să observi cinci sau șase constelații zodiacale, ordonate una după cealaltă. „Zodiac” este cuvântul din limba greacă pentru „cercul micilor animale”. Pe cer, zodiacul include 12 constelații numite după oameni, simboluri și animale.

În urmă cu aproximativ 4 000 de ani, oamenii care priveau stelele au ajuns să creadă că pozițiile stelelor și ale planetelor pe cer controlau sau preziceau lucruri care se întâmplau pe Pământ. Credeau, spre exemplu, că Marte era legat de război și de furie din cauza culorii roșii a planetei. Dacă vedeau Marte pe cer, însemna că urma să aibă loc o mare bătălie.

Constelațiile aveau și o mare putere asupra Pământului, cel puțin așa se credea. De exemplu, o anumită constelație apărea pe cer în timpul acelei perioade din an când ploua abundent. Oamenii au început să asocieze constelația cu vremea furtunoasă și au

început să înfățișeze acest eveniment printr-un om care varsă o găleată de apă. Au numit această constelație Vărsător. (Vom afla mai multe despre Aquarius – Vărsător – mai târziu.)

Fiecare dintre cele 12 constelații din zodiac reprezintă o perioadă de aproape o lună din an. Mult timp, grecii au crezut (și unii încă mai cred) că personalitatea unui om este influențată de constelația sau „semnul" prin care trece Soarele atunci când se naște. (Dacă te-ai născut la începutul lui Martie, de exemplu, te-ai născut sub semnul sau zodia Pești.)

Cu studiul zodiilor se ocupă **astrologia**. Astrologia poate părea caraghioasă, dar, secole întregi, a fost considerată la fel de reală ca orice certitudine științifică. Astăzi, milioane de oameni își verifică **horoscopul** – previziunile pentru ziua în curs în funcție de semnul zodiacal. Unii citesc horoscopul doar pentru amuzament, dar alții jură că adevărul este scris în stele. Oricum, trebuie să le mulțumim astrologilor timpurii pentru multe din ceea ce cunoaștem astăzi despre stele. Studiul semnelor zodiacale și al influenței stelelor asupra viețilorilor noastre nu este chiar o știință, dar, pentru că implică stelele, a stârnit interesul oamenilor pentru cer. Înainte ca oamenii de știință să studieze cerul, au făcut-o astrologii.

Ziua fiecăruia dintre noi se încadrează într-un anumit semn zodiacal, iar unii oameni cred că zodia îți influențează personalitatea. Insistă că oamenii născuți sub semnul Berbecului sunt puternici și energici – ca un berbec. Cei născuți sub semnul Taurului sunt extrem de încăpățânați. Găsește pe aceste pagini zodiile pentru tine și prietenii tăi și vezi dacă ești de acord.

## DICȚIONARUL SPAȚIULUI ÎNDEPĂRTAT

**Ecliptică** – O panglică mare, imaginară care se încolăcește în jurul Pământului, marcând calea pe care o urmează Soarele și planetele.

**Astrologie** – Studiul efectelor pe care stelele și alte corpuri cerești le au asupra vieților umane.

**Horoscop** – Previziune bazată pe pozițiile stelelor și ale planetelor, legată de evenimentele la care ar trebui să ne așteptăm în viitor.

## TAURUS – *Taurul*

Lângă Berbec se află Taurul. El este format parțial din Pleiade, un superb roi de stele foarte tinere (doar 50 de milioane de ani – tânăr, când este vorba despre Univers).

Primii greci credeau că Taurul reprezenta o creatură pe jumătate om și pe jumătate taur. Povestea s-a schimbat mai târziu, iar Taurul a fost considerat reprezentarea lui Zeus, care s-a deghizat într-un taur pentru a câștiga inima prințesei Europa, stăpâna unei cirezi. Fata s-a îndrăgostit de el și au fugit împreună, Zeus purtând-o pe Europa în spate. Constelația Taurului nu seamănă prea mult cu animalul, dar, dacă privești atent, poți distinge coarnele lungi întinzându-se deasupra brațului lui Orion.

## ARIES – *Berbecul*

Prima constelație a zodiacului este Berbecul sau Aries, în latină.

Conform legendei grecilor, un bărbat pe nume Aries avea o pelerină magică din lână de oaie și, dacă o purta, putea să zboare. El a folosit pelerina în încercarea de a salva un prinț și o prințesă, Frix și Hele, de furia mamei lor vitrege. Dar Hele nu s-a putut ține de pelerină și a căzut în ocean, înecându-se. Doar Frix a supraviețuit. Dacă te uiți atent la Berbec, cele mai strălucitoare 2 stele pe care le are se află exact în vârfurile coarnelor.

### HAI SĂ GĂSIM STELELE

**Berbecul și Taurul se văd cel mai bine în luna decembrie. Localizează-le pe Harta Cerului și apoi caută-le în jumătatea sudică a cerului. Te poate ajuta să îl găsești pe Orion – pare să își țintească săgeata direct către Taur.**

## CANCER – *Racul*

Grecii și-au imaginat constelația ca pe un rac care s-a prins de războinicul Hercule (am învățat despre el mai devreme) pe când acesta se lupta cu un uriaș șarpe de apă.
Hera, inamica lui Hercule, a răsplătit racul punându-l printre stele. Racul este altă constelație care nu seamănă prea mult cu vietatea care îi dă numele, dar dacă te uiți atent, poți observa cleștii.

## GEMINI – *Gemeni*

Gemenii, sau *Gemini*, este o constelație care conține două stele foarte strălucitoare – Pollux și Castor. Pentru că apar în constelația Gemeni, li s-a dat numele pentru a păstra spiritul legendei grecilor.

Grecii credeau că Pollux și Castor erau frați gemeni. Pollux era nemuritor (un zeu care trăiește veșnic), iar Castor era muritor (un om normal, care se naște și moare). Frații erau atât de apropiați încât Pollux a primit permisiune specială de la Zeus să îi dea lui Castor câteva dintre puterile lui, pentru a putea trăi amândoi veșnic. Îi poți vedea pe cer – arată ca două siluete care se țin una de cealaltă.

## HAI SĂ GĂSIM STELELE

**Gemenii și Racul sunt cel mai ușor de găsit în februarie. Ambele constelații se află în partea estică a Taurului. Dacă trasezi o linie imaginară între Câinele Mare și Steaua Polară, Gemenii s-ar găsi la jumătatea distanței. Pentru că stelele lui strălucesc atât de slab, Racul este probabil cel mai greu de găsit pe cerul nopții. Binoclul te poate ajuta. Ține cont că se află chiar la est de Gemeni (care sunt ușor de găsit) și chiar sub Ursa Mare. Un roi faimos de stele, Praesepe, se întinde în apropierea cleștilor Racului.**

## VIRGO – *Fecioara*

Fecioara, sau *Virgo*, este cea mai mare constelație din zodiac – și este singura femeie. Conform mitologiei grecilor, Astraea era o tânără fecioară care a pribegit în lung și-n lat căutând dreptate și pace. Dar erau prea multe războaie și prea multă nedreptate pe Pământ, așa că a luat calea cerului, unde poate fi văzută și astăzi, acoperind o bună bucată de cer.

## LEO – *Leul*

Grecii spun că Hercule s-a luptat cu Leul într-o probă de dovedire a puterii. Blana magică a leului putea face față oricărei arme, dar Hercule l-a învins, purtând apoi blana acestuia drept scut. Spiritul leului a urcat la ceruri, unde rămâne de-a pururi în constelația Leului. Unii cred că Sfinxul, faimoasa construcție egipteană, a fost realizată după constelația Leului – arată ca un leu ce stă la pândă. Tu vezi asemănarea?

## HAI SĂ GĂSIM STELELE

**Folosește Harta Cerului pentru a identifica Leul și Fecioara în aprilie, pe care le găsești puțin mai la sud de cel mai înalt punct de pe cerul de deasupra ta. Leul este cel mai ușor (și mai distractiv) de găsit dintre toate constelațiile zodiacului. Stelele lui sunt atât de strălucitoare încât nu trebuie să îți folosești prea mult imaginația ca să vezi leul. În interiorul conturului Fecioarei se află mii de galaxii, cu toate că, în mod normal, ai avea nevoie de un telescop foarte puternic ca să le vezi pe toate.**

## LIBRA – *Balanța*

Constelația Balanței, sau *Libra*, arată ca un cântar demodat, genul de cântar făcut din două talere suspendate de o bară lungă. Primii observatori ai stelelor au crezut că talerele Balanței aparțineau Fecioarei, care le folosea să măsoare corectitudinea în călătoriile ei pe Pământ, în căutarea dreptății. Libra este altă constelație greu de găsit – toate stelele ei sunt destul de palide. Totuși, are o caracteristică specială: printre stelele ei se găsește una cu nume complicat de pronunțat: Zubeneschamali. Nu numai că are un nume de ți se-ncurcă limba-n gură, dar este o stea cu lumină verzuie pe care o putem găsi cu ochiul liber.

## HAI SĂ GĂSIM STELELE

**Balanța și Scorpionul se văd cel mai bine în iunie și le vei găsi pe amândouă destul de jos pe cerul nopții, foarte aproape de orizont. Caută steaua Zubeneschamali în partea de jos a talerului drept pe care îl are Balanța. Antares se află la mijlocul spatelui Scorpionului, aproape de locul unde îi încep cleștii.**

Multe culturi diferite din jurul lumii și-au imaginat constelația Scorpionului exact ca această vietate înțepătoare, fatală. Grecii credeau că un scorpion l-a atacat și l-a ucis pe războinicul Orion, ceea ce explică de ce Scorpionul apare pe cerul nopții când iese Orion – care fuge de oribila creatură.

## SCORPIO – *Scorpionul*

Scorpionul este o constelație distractiv de găsit, pentru că arată exact ca vietatea după care a fost numită. Dacă privești spre stelele care formează Scorpionul (unii îi spun *Scorpio*, ca în latină), este ușor să îți imaginezi corpul lung, răsucit, al unui scorpion, cu un ac în vârful cozii și cleștișori aproape de cap. Scorpionul are și foarte strălucitoarea stea Antares, care este roșiatică, ca planeta Marte. Antares este foarte departe, dar este imensă – de 300 de ori mai mare decât Soarele nostru!

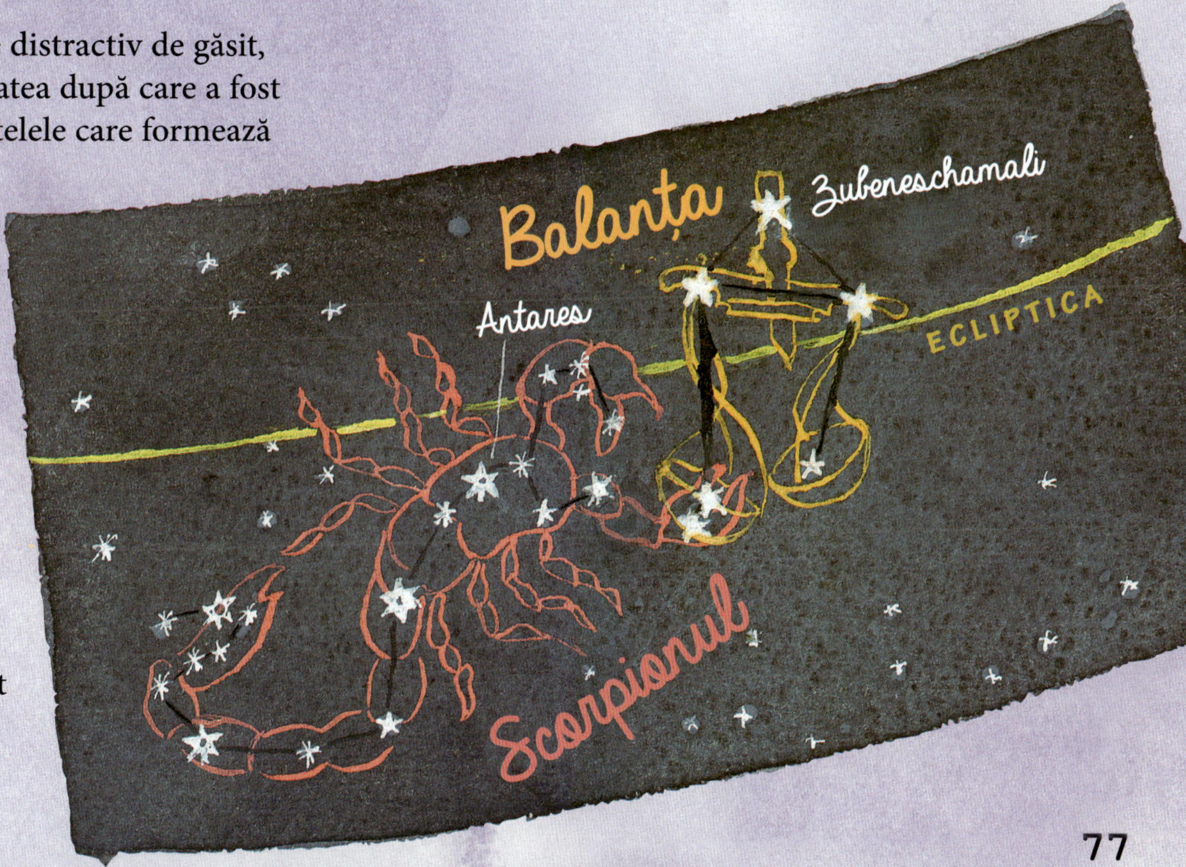

## SAGITTARIUS – *Săgetătorul*

Săgetătorul, sau *Sagittarius*, nu este un arcaș oarecare. El este un centaur – o creatură jumătate cal, jumătate om. Grecii credeau că Săgetătorul a fost cândva nemuritor, dar Hercule l-a doborât din greșeală cu o săgeată otrăvită. În loc să sufere îndurerat pentru eternitate, acesta a renunțat la nemurire. Acum trăiește printre stele, țintindu-și cu grijă săgețile.

## CAPRICORNUL – *Capra*

La fel ca Racul, Capricornul este o constelație slab strălucitoare, greu de găsit. Totuși, este mare și ocupă o suprafață mare din cerul verii. Capricornul este mai mult decât o capră. La fel ca Săgetătorul, Capricornul este și el o combinație între două animale: are coadă de pește și picioarele din față și capul de capră. Legenda grecilor spune că zeul Pan s-a transformat într-un animal atunci când s-a aruncat în apă, încercând să scape de înfricoșătorul monstru Typhon. Pan era aproape de apă când a avut loc transformarea, așa că a rămas jumătate capră, jumătate pește – dar, cel puțin, a supraviețuit.

### HAI SĂ GĂSIM STELELE

**Folosește Harta Cerului ca să localizezi Săgetătorul și Capricornul în august, când sunt cel mai ușor de găsit. Îi vei găsi pe amândoi jos pe cer. Săgetătorul este cu fața spre Scorpion, cu săgeata pregătită și arcul tensionat, gata să atace. Capricornul galopează în spatele Săgetătorului.**

## AQUARIUS – *Vărsătorul*

Grecii au fost unul dintre multele popoare care au asociat silueta Vărsătorului cu apa. În unele țări, se observă cel mai bine în timpul sezonului ploios, lucru ce ar putea explica de ce, atunci când se uitau la stele, primii astronomi și-au imaginat un bărbat cu o găleată din care se revarsă apa.

Vărsătorul este o constelație relativ slab strălucitoare, dar faimoasă pentru ploile de meteori. Ploile anuale Aquaridele Eta și Aquaridele Delta par să pornească din interiorul Vărsătorului. De acolo, meteorii țâșnesc afară, pe cerul nopții.

## HAI SĂ GĂSIM STELELE

**Vărsătorul și Peștii se văd cel mai bine în Septembrie. Găsește-i pe Harta Cerului și apoi caută-i pe bolta cerească, între Pegas și orizontul sudic. Și urmărește în fiecare an Aquaridele Eta pe 5 mai și Aquaridele Delta pe 29 iulie. (Pentru mai multe informații despre ploile de meteori, vezi paginile 48 și 92.)**

## PISCES – *Peștii*

Grecii credeau că cei doi pești din constelația Pești fuseseră cândva zei care s-au transformat pentru a scăpa de monstrul Typhon – aceeași bestie care l-a determinat pe Capricorn să sară în apă pentru a scăpa. (Se credea că această creatură avea 100 de capete care suflau flăcări, deci frica este de înțeles!) Constelația arată ca o pereche de pești agățați la capătul unor undițe lungi, cu toate că este formată din stele destul de palide și poate fi dificil de identificat.

Călătoria noastră pe cer ne-a arătat o mulțime de aștri, care mai de care mai interesanți – stele, planete, comete și multe alte corpuri cerești uluitoare. Acum poți găsi pe cer cele mai strălucitoare stele și ai învățat să identifici și constelațiile. Este timpul să folosești toate aceste cunoștințe și să privești cerul pe de-a-ntregul.

Multe dintre stelele pe care le vezi aici apar și pe Harta Cerului, dar imaginea este mărită și arată cerul mai apropiat decât se vede el de pe Pământ. Dacă identifici o constelație pe imaginea alăturată și o găsești apoi pe Harta Cerului, vei putea identifica mai ușor constelația adevărată când pleci în căutarea stelelor.

Aici sunt toate constelațiile pe care le-am întâlnit și chiar mai multe. (Ar fi nevoie de o carte mult mai mare pentru a spune poveștile tuturor.)

Odată ce ți-ai dat seama în ce direcție este Nordul, vezi dacă poți găsi pe cer stelele de pe imagine. Sau și mai bine, încearcă să găsești Carul Mare și caută Steaua Polară în apropiere. Aceasta este cea mai bună metodă de a găsi Nordul.

Pe următoarele pagini sunt prezentate imagini ale cerului în diferite momente din an. De ce sunt imagini diferite pentru momente diferite din an? Așa cum am învățat, Pământul se învârte în jurul Soarelui, ceea ce înseamnă că de-a lungul anului, când privim cerul noaptea, vedem părți diferite din Univers. Pe măsură ce Pământul își desfășoară călătoria anuală în jurul Soarelui, fundalul stelar se schimbă încet.

# CERUL PRIMĂVARA

Dacă vrei să înțelegi cum de vezi alte stele pe cer pe măsură ce Pământul se învârte în jurul Soarelui, gândește-te așa: imaginează-ți că stai într-o cameră mare, rotundă, cu o pictură care se întinde pe cei 4 pereți, de jur-împrejurul tău, curbându-se într-un cerc complet. Când te plimbi prin cameră, vezi părți diferite ale picturii.

Pământul călătorește în jurul Soarelui aproape în același fel și, pe măsură ce face acest lucru, se schimbă încet și stelele pe care le vedem. Lebăda este ușor de observat vara, iar Orion domină cerul în timpul iernii. După o călătorie completă în jurul Soarelui, revenim în punctul din care am plecat și vedem aceleași stele pe care le-am văzut cu un an în urmă.

Poți să urmărești stelele mișcându-se concomitent cu Pământul care se învârte în jurul Soarelui. Mergi afară două seri consecutiv și notează-ți unde se află stelele, luând ca punct de referință cel mai înalt copac pe care îl vezi, fix la ora 20:30. Dacă privești atent, vei observa că poziția stelelor este ușor diferită în a doua noapte față de prima.

În fiecare noapte, fiecare stea răsare pe cer cu aproximativ 4 minute mai devreme decât în noaptea precedentă (și apune cu 4 minute mai devreme). Într-o săptămână, stelele se înalță cu aproape jumătate de oră (28 de minute, ca să fim exacți) mai devreme față de săptămâna anterioară. Într-o lună, orice stea intră în raza noastră vizuală cu două ore mai devreme. Și ghici ce se întâmplă într-un an?
12 luni ori 2 ore egal 24 de ore – sau o zi plină. De aceea, stelele pe care le vezi în această seară le vei observa exact în același punct peste un an.

# CERUL VARA

Nord
Auriga
Perseus
Cassiopeia
Ursa Major
Cepheus
Andromeda
Ursa Minor
Draco
Leo
Hercules
Cygnus
Boötes
Est
Vest
Pegasus
Lyra
Virgo
Aquila
Aquarius
Ophiuchus
Corvus
Capricornus
Libra
Centaurus
Scorpius
Sagittarius
Sud

Dar mișcarea stelelor este influențată de mai mulți factori, nu doar de mișcarea de revoluție a Pământului în jurul Soarelui. Ține minte că și Pământul se rotește, învârtindu-se constant în jurul axei sale, realizând o rotație completă în 24 de ore. Stelele pe care le vezi în ilustrații reprezintă harta cerului nu doar într-o zi specifică, ci și la o anumită oră. O oră mai târziu, Pământul s-a rotit deja puțin și cerul arată și el puțin diferit. Cele mai multe stele au alunecat puțin spre vest, cu excepția stelelor care se află cel mai aproape de Steaua Polară, care se mișcă foarte puțin. Așa cum Soarele răsare din Est și apune în Vest, așa răsar și apun și celelalte stele. Dar, bineînțeles, Soarele sau stelele nu se mișcă – noi ne mișcăm.

De ce pare că Steaua Polară (sau Polaris) nu se mișcă? Așa cum am aflat, aceasta este numită uneori și Steaua Nordului pentru că, atunci când este văzută de pe Pământ, pare să apară mereu spre nord. Motivul pentru care pare că stă pe loc are de-a face cu motivul pentru care arată mereu Nordul. Dacă ar fi să trasezi o linie dreaptă de-a lungul axei Pământului, pornind de la Polul Sud și trecând direct prin nucleul Pământului, ajungând într-un final la Polul Nord și apoi urcând spre cer, acea linie ar duce aproape fix spre Steaua Polară.

Pământul se învârte în jurul acestei axe – așa cum am aflat mai devreme, se rotește –, de aceea stelele par să se miște pe cer de-a lungul unei nopți. Pe măsură ce planeta se rotește, stelele par să călătorească în cerc, oprindu-se după 24 de ore mai mult sau mai puțin în punctul din care au plecat. Imaginează-ți că ții o umbrelă desfăcută și te uiți în sus în timp ce răsucești ușor mânerul. Marginile umbrelei s-ar roti într-un cerc în jurul tău, dar centrul umbrelei ar sta direct deasupra ta. Steaua Polară este la fel – exceptând, desigur, faptul că noi suntem cei care ne mișcăm, nu cerul.

# CERUL TOAMNA

Pentru că Pământul este rotund, vedem stelele diferit, în funcție de locul în care ne aflăm. Cerul învelește planeta și priveliștea de deasupra noastră diferă în fiecare punct de pe Pământ.

La Polul Nord, Steaua Polară strălucește direct deasupra, dar, pe măsură ce călătorești spre Sud, spre Ecuator, ea alunecă din ce în ce mai jos spre orizont. Până ajungi la Ecuator, Steaua Polară nu se mai vede deloc. În acel punct, steaua s-ar afla la o distanță de 90 de grade față de centrul cerului sau aproximativ la același nivel cu linia orizontului. (Îți amintești că am învățat mai devreme cum se măsoară gradele?)

O imagine completă a cerului, de la orizontul sudic până la orizontul nordic, ar acoperi 180 de grade. Dar noi putem vedea doar 160. Pierdem cam 10 grade chiar deasupra orizontului, în ambele direcții – 20 de grade în total –, pentru că atmosfera apropiată de Pământ este mult prea densă și împrăștie lumina stelelor. Clădirile și dealurile stau și ele în cale.

Dar, exact cum Steaua Polară nu poate fi văzută sub linia Ecuatorului, așa sunt și alte stele și constelații care nu pot fi văzute în apropiere de Polul Nord. Constelația Crucea Sudului este una dintre grupurile de stele greu de găsit în Nord. (De fapt, este imposibil de văzut cam peste tot deasupra liniei ecuatorului.) Totuși, ea este foarte ușor de văzut sub linia ecuatorului, de aceea Australia și Noua Zeelandă – țări aflate sub Ecuator, „dedesubt" – au Crucea Sudului pe steagurile lor.

# CERUL IARNA

Nord
Draco
Ursa Minor
Cygnus
Ursa Major
Pegasus
Perseus
Leo
Auriga
Andromeda
Cancer
Aries
Gemini
Pisces
Taurus
Cetus
Hydra
Orion
Puppis
Lepus
Eridanus
Columba
Sud
Est
Vest

# Spre stele şi înapoi

Am cam ajuns la sfârşitul călătoriei noastre prin Univers. Ai învăţat multe, dar ţine minte, abia am început să desluşim nenumăratele mistere ale acestuia. Gândeşte-te la lucrurile care încă există acolo, aşteptând să fie explicate – printre care se numără şi găurile negre, gravitaţia şi fabuloasa Planetă X.

Şi nu uita de cele despre care nici nu ştim că nu le ştim. Noi mistere tind să apară exact când ne dăm seama cum să le explicăm pe cele vechi. Poate într-o bună zi vei fi unul dintre oamenii care va avea răspunsuri pentru acele mistere.

Ai destule care să te ţină ocupat până atunci – să studiezi constelaţiile, să surprinzi o eclipsă sau chiar o cometă şi să urmăreşti demersurile pe care le fac naţiuni din întreaga lume pentru a trimite oameni în spaţiu. Iată cel mai uimitor lucru despre Universul care ne înconjoară: mai avem o grămadă de lucruri de învăţat şi noi secrete sunt dezvăluite în fiecare zi.

# SCURTĂ ISTORIE A SPAŢIULUI

**cca 2000 î.H.** Stonehenge, un grup de lespezi uriaşe de piatră aşezate vertical într-un cerc larg, este construit în Wiltshire, Anglia. Nu suntem siguri cine sau de ce a construit Stonehenge, dar oamenii de ştiinţă cred că structura a fost folosită pentru a monitoriza mişcarea Soarelui şi a Lunii.

**cca 400 î.H.** Egiptenii înregistrează mişcarea Soarelui şi a Lunii pe tablete de piatră, pe care încă le putem studia şi în zilele noastre. Tabletele conţin informaţii adunate de astronomii timpurii.

**cca 350 î.H.** Astronomul chinez Shih Shen înregistrează circa 800 de stele în ceea ce se consideră ca fiind primul catalog al stelelor.

**cca 550 î.H. – 400 d.H.** Astronomii greci studiază stelele şi planetele, şi relaţia Pământului cu ele. Pitagora şi discipolii săi arată prin învăţăturile lor că Pământul este rotund. Ptolemeu studiază mişcarea planetelor, iar Aristotel adună observaţiile altor astronomi şi creează o resursă valoroasă pentru următoarele secole.

**cca 1000** Astronomul arab al-Sufi notează informaţii despre sute de stele în catalogul său şi descoperă prima galaxie (în afară de Calea Lactee) – Andromeda.

**1543** Nicolaus Copernic prezintă ideea revoluţionară conform căreia Pământul şi alte planete orbitează de fapt în jurul Soarelui. Nu foarte mulţi oameni îl cred.

**cca 1600** Astronomul danez Tycho Brahe încearcă să descopere dacă Soarele se învârte în jurul Pământului sau invers. Asistentul său, Johannes Kepler, îl ajută să descopere că planetele chiar orbitează în jurul Soarelui urmând un traseu cu formă eliptică.

**1609** Astronomul italian Galileo Galilei perfecţionează telescopul şi îl foloseşte pentru a demonstra că planetele sunt cele care orbitează în jurul Soarelui. Intră în bucluc din cauza oamenilor care cred că lucrurile descoperite de el sunt împotriva învăţăturilor biblice.

**1682** Edmond Halley urmăreşte o cometă şi constată că ea apare o dată la 76 de ani – ceea ce înseamnă că orbitează în jurul Soarelui. (Când apare din nou în 1758, conform „programării" calculate, este numită Cometa Halley.)

**1687** Conform legendei, Sir Isaac Newton este lovit în cap de un măr ce cade din-tr-un copac şi, astfel, găseşte explicaţia pentru gravitaţie – sau de ce nu cădem în sus.

**1774** Astronomul Charles Messier publică un catalog al nebuloaselor şi roiurilor de stele. Neoficial, aceste corpuri sunt cunoscute drept Obiecte Messier şi, oficial, încă se foloseşte prima literă a numelui său pentru identificarea lor – galaxia Andromeda mai este numită şi M31.

**1789** William Herschel, care a descoperit planeta Uranus în 1782, construieşte un telescop gigantic pe care îl foloseşte să studieze sateliţii lui Saturn, să examineze stelele binare, să descopere mii de nebuloase noi şi să exploreze multe alte mistere spaţiale.

**1864** John Frederick Herschel, fiul lui William, îşi publică propriul catalog, prezentând multe alte nebuloase necunoscute înainte. (Mătuşa lui – adică sora lui William –, Caroline, a fost şi ea un astronom de succes, descoperind opt comete.)

**1926** Robert Goddard, om de știință american, lansează prima rachetă modernă care folosea combustibil lichid, făcând un prim pas în călătoria spațială.

**1957** Sovieticii lansează *Sputnik 1*, primul vehicul spațial care a orbitat în jurul Pământului.

**1961** Cosmonautul Iuri Gagarin, din fosta Uniune Sovietică, devine primul om care a călătorit în spațiu. Americanul Alan Shepard îl urmează la mai puțin de o lună.

**1962** John Glenn devine primul american care orbitează în jurul Pământului, ocolind planeta de 3 ori în mai puțin de 5 ore.

**1962** Sonda *Mariner 2* pleacă în misiune spre Venus. Alte 6 sonde *Mariner* vor explora planetele Venus, Marte și Mercur în următorii 10 ani.

**1969** Astronautul american Neil Armstrong devine primul om care a pășit pe suprafața Lunii.

**1971** Sovieticii lansează prima stație spațială: *Salyut*. Statele Unite îi urmează doi ani mai târziu cu propria lor variantă – *Skylab*.

**1972** Prima din cele două sonde *Pioneer* se îndreaptă spre Jupiter, devenind prima navă spațială care a călătorit prin centura de asteroizi dintre Marte și Jupiter.

**1977** Două sonde *Voyager* se îndepărtează de Soare pentru a explora Jupiter, Saturn, Uranus, Neptun – și spațiul aflat dincolo de ele.

**1981** Statele Unite lansează prima navetă spațială *(Space Shuttle)* – *Columbia*, o navă care poate transporta până la 10 astronauți, poate rămâne mai mult de o săptămână în spațiu, ca apoi să se întoarcă intactă pe Pământ.

**1986** Naveta *Challenger* explodează chiar după decolare, iar șapte astronauți își pierd viața.

**1990** Telescopul Spațial Hubble este trimis pe orbită, oferind imagini ale Universului care sunt mult mai clare decât imaginile capturate de pe Pământ.

**1994** Începe lucrul la Stația Spațială Internațională. Construcția principală este finalizată în 2011.

**1998** La 77 de ani, John Glenn se întoarce în spațiu la bordul navetei spațiale *Discovery*. Primul american care a orbitat în jurul Pământului devine persoana cea mai în vârstă care a fost vreodată în spațiu.

**2003** Naveta spațială *Columbia* se dezintegrează în drumul ei înapoi spre Pământ, după 16 zile în spațiu. Toți cei 7 astronauți de la bord își pierd viața.

**2005** Nava spațială *Huygens* ajunge pe unul dintre sateliții lui Saturn, în cea mai îndepărtată aterizare realizată vreodată.

**2011** Era navetelor spațiale se încheie cu ultimul zbor al lui *Atlantis*, care se întoarce pe Pământ pe 21 iulie.

**2012** SpaceX devine prima companie comercială care andochează la Stația Spațială Internațională.

**2017** Inginerii pornesc propulsoarele *Voyager 1* – după 37 de ani de inactivitate! A devenit prima sondă care a părăsit Sistemul solar în 2012.

**2019** Sonda *New Horizons* se strecoară pe lângă un corp aflat la mai mult de 6 miliarde de kilometri depărtare de Pământ, cel mai îndepărtat obiect vizitat vreodată. În fotografii se vede că arată ca un om de zăpadă.

# IMAGINI NOCTURNE

## Cum să găseşti planetele

Mai jos sunt date momentele perfecte când poți observa planetele. Caută locul cel mai întins, plat, unde nu există multe obstacole între tine și orizont. Planetele Mercur și Venus sunt cel mai ușor de văzut chiar după apusul soarelui (sau dimineața, înainte de răsărit). Ca să le poți identifica, este foarte important să ai o panoramă clară asupra orizontului vestic, fără copaci sau clădiri care să îți stea în cale. Planetele Marte, Jupiter și Saturn pot fi găsite mai ușor după constelațiile care sunt enumerate mai jos.

### Mercur

Ține minte că orbita lui Mercur este foarte aproape de Soare, ceea ce îl face dificil de găsit – lumina Soarelui este mai puternică. Deci, cel mai bun moment pentru Mercur e chiar înainte de răsărit sau imediat după apus, când Soarele se află sub orizont. Caută-l pe Mercur deasupra orizontului vestic.

**2019:** sfârșitul lui februarie și începutul lui martie (seara); sfârșitul lui noiembrie și începutul lui decembrie (dimineața)

**2020:** februarie (seara); noiembrie (dimineața)

**2021:** sfârșitul lui ianuarie și începutul lui februarie (seara); sfârșitul lui octombrie și începutul lui noiembrie (dimineața)

**2022:** începutul lui ianuarie (seara); sfârșitul lui septembrie și începutul lui octombrie (dimineața)

**2023:** sfârșitul lui septembrie și începutul lui octombrie (dimineața); sfârșitul lui noiembrie și începutul lui decembrie (seara)

### Venus

Venus este strălucitoare – mai strălucitoare decât orice alt corp ceresc, cu excepția Lunii – deci nu ar trebui să fie prea greu să o găsești. La fel ca Mercur, orbita lui Venus nu este niciodată foarte departe de Soare. Caută această planetă deasupra orizontului vestic pe parcursul următoarelor luni:

**2019:** începutul lui ianuarie (dimineața)

**2020:** sfârșitul lui martie (seara)

**2021:** sfârșitul lui octombrie (seara)

**2022:** mijlocul lui martie (dimineața)

**2023:** sfârșitul lui octombrie (dimineața)

### Marte

Și Marte se află, din când în când, prea aproape de Soare și nu poate fi observat. Dar, alteori, poate fi văzut rătăcind printre constelații, urmându-și calea de-a lungul eclipticei, învârtindu-se în jurul Soarelui.

**2019:** începutul lui ianuarie în Berbec (Aries)

**2020:** mijlocul lui octombrie în Berbec (Aries)

**2021:** începutul lui ianuarie în Berbec (Aries)

**2022:** începutul lui decembrie în Gemeni (Gemini)

**2023:** începutul lui ianuarie în Gemeni (Gemini)

## Jupiter

Las-o pe seama Soarelui să îl pună în umbră și pe Jupiter, din când în când. Momentul perfect să observi cea mai mare planetă este când trece prin următoarele constelații, după ce Soarele a coborât sub orizontul vestic.

**2019:** iunie în Săgetător (Sagittarius)

**2020:** iulie în Capricorn

**2021:** august în Vărsător (Aquarius)

**2022:** septembrie în Berbec (Aries)

**2023:** noiembrie în Taur (Taurus)

## Saturn

Nu îi vei putea vedea inelele fără un telescop, dar îl poți găsi pe Saturn când trece prin constelațiile eclipticei.

**2019:** de la începutul până la mijlocul lui iulie în Capricorn

**2020:** de la mijlocul până la sfârșitul lui iulie în Capricorn

**2021:** de la mijlocul lui august în Vărsător (Aquarius)

**2022:** de la mijlocul lui august în Vărsător (Aquarius)

**2023:** de la sfârșitul lui august în Pești (Pisces)

## Cum să prinzi o cometă

Dacă aștepți până în 2061, vei putea vedea Cometa Halley trecând din nou pe cerul de deasupra Pământului. Sau, dacă ai foarte multă răbdare, poți prinde Cometa Hale-Bopp în următoarea sa vizită, în anul 4397. Dar vor fi și alte comete până atunci. Nu știm mereu când va apărea următoarea, dar când astronomii depistează una – și răspândesc vestea – în timp util, o putem vedea și noi înainte să dispară de pe cerul nostru. Verifică reviste și site-uri web de astronomie pentru a căuta cele mai noi informații despre cometele pe care le putem urmări de pe Pământ.

## Confruntările Titanilor

Din când în când, două sau mai multe planete par să treacă una pe lângă alta într-o întâlnire numită conjuncție. Este super-distractiv să încerci să le vezi atunci – două planete (sau mai multe) la preț de una! Caută următoarele conjuncții chiar după apus:

**20 martie 2020:** Marte și Jupiter

**21 decembrie 2020:** Jupiter și Saturn

**30 aprilie 2022:** Venus și Jupiter

**29 mai 2022:** Marte și Jupiter

**1 martie 2023:** Venus și Jupiter

## O șansă la o stea căzătoare

Așa cum am învățat mai devreme, cel mai bun moment să te uiți după meteori sau stele căzătoare este în timpul unei ploi de meteori. Aici sunt câteva dintre cele mai frumoase ploi și datele aproximative când sunt la apogeu:

**3 ianuarie:** Quadrantidele

**12 august:** Perseidele

**14 decembrie:** Geminidele

**5 mai:** Aquaridele Eta

**29 iulie:** Aquaridele Delta

**21 octombrie:** Orionidele

**22 decembrie:** Ursidele

# INDEX

## R



## S



## T



## U



## V



## Z

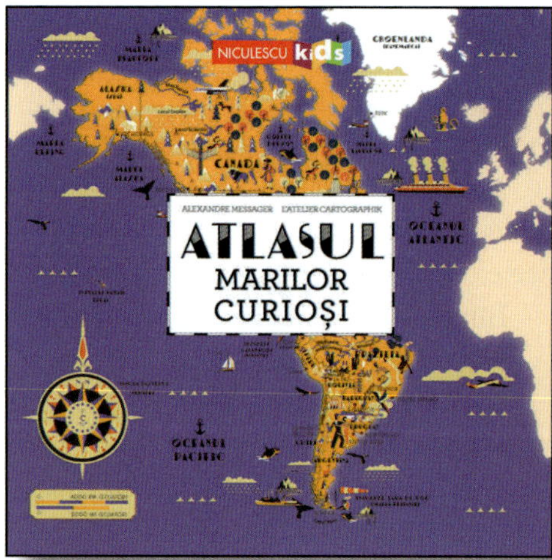
NICULESCU kids
ALEXANDRE MESSAGER L'ATELIER CARTOGRAPHIK
ATLASUL
MARILOR
CURIOȘI

NICULESCU kids
PRIMUL MEU ATLAS
O călătorie în jurul lumii
SANDRINE LE GUEN
STEFFIE BROCOLI
LAROUSSE

NICULESCU kids
Prima mea
enciclopedie
Montessori
Istoria
lumii
LAROUSSE

NICULESCU kids
ÖZGE ALTINOK LOKMANHEKİM
CEA MAI
FRUMOASĂ
ȚARĂ
DIN LUME
Ilustrații: RUKİYE ULUSAN

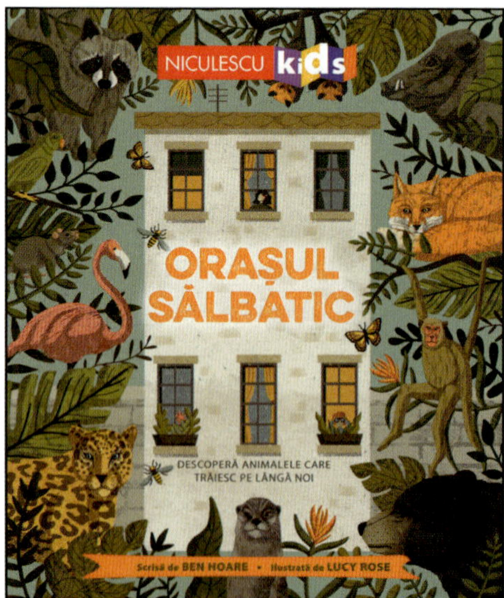
NICULESCU kids
ORAȘUL
SĂLBATIC
DESCOPERĂ ANIMALELE CARE
TRĂIESC PE LÂNGĂ NOI
Scrisă de BEN HOARE • Ilustrată de LUCY ROSE

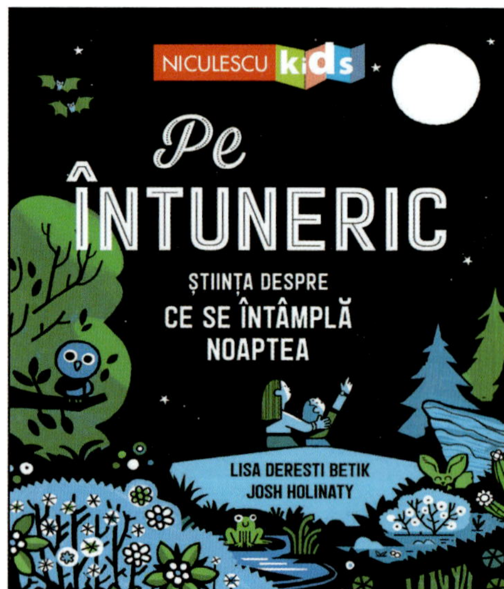
NICULESCU kids
Pe
ÎNTUNERIC
ȘTIINȚA DESPRE
CE SE ÎNTÂMPLĂ
NOAPTEA
LISA DERESTI BETIK
JOSH HOLINATY